电子商务类专业
创新型人才培养系列教材

网店美工

案例教程

第 2 版 | 全彩微课版

熊俐 赵爱香 胡凤林 / 主编

朱田 汪洋 刘言 / 副主编

人民邮电出版社

北 京

图书在版编目（ＣＩＰ）数据

网店美工案例教程：全彩微课版 / 熊俐，赵爱香，胡凤林主编. -- 2 版. -- 北京：人民邮电出版社，2025.1

电子商务类专业创新型人才培养系列教材

ISBN 978-7-115-64489-3

Ⅰ．①网… Ⅱ．①熊… ②赵… ③胡… Ⅲ．①网店－设计－案例－教材 Ⅳ．①F713.361.2

中国国家版本馆 CIP 数据核字(2024)第 104601 号

内 容 提 要

本书通过各类网店设计案例，帮助网店美工掌握不同风格网店的装修和设计方法。本书共 6 个项目，分别讲解了网店美工设计基础，网店装修的设计基础与要求，一般食品类和生鲜食品类网店设计，办公用品类、数码配件类和电器类网店设计，服装类、家居用品类和箱包类网店设计，汽车用品类和百货类网店设计。本书在讲解中引用了大量案例，这些案例选自 ITMC 电子商务沙盘比赛的真题，几乎涵盖了比赛中的各种题型，并提供了全套设计方案，从而帮助读者游刃有余地完成设计。

本书可作为职业院校电子商务等相关专业的教材，尤其适合需要参加 ITMC 电子商务沙盘比赛的学生使用。

◆ 主　　编　熊　俐　赵爱香　胡凤林
　　副主编　朱　田　汪　洋　刘　言
　　责任编辑　侯潇雨
　　责任印制　王　郁　彭志环
◆ 人民邮电出版社出版发行　　北京市丰台区成寿寺路 11 号
　　邮编　100164　　电子邮件　315@ptpress.com.cn
　　网址　https://www.ptpress.com.cn
　　临西县阅读时光印刷有限公司印刷
◆ 开本：700×1000　1/16
　　印张：13.75　　　　　　　　2025 年 1 月第 2 版
　　字数：333 千字　　　　　　2025 年 6 月河北第 2 次印刷

定价：69.80 元

读者服务热线：(010)81055256　印装质量热线：(010)81055316
反盗版热线：(010)81055315

前言

网上购物的日益火爆，促使网店开设数量与商品种类快速增多，这也增加了消费者网购时的选择难度以及商家的竞争压力。网店美工作为网店页面效果的设计者，在这一环境下逐渐凸显出其重要性。网店美工通过设计美观且具有吸引力的页面，可以降低消费者的跳出率，促进商品的销售。

电子商务市场对网店美工的需求日益增长，基于此，我们结合ITMC电子商务沙盘比赛及网上常见商品的类别，撰写了《网店美工案例教程（全彩微课版）》一书。随着市场的发展与审美的变化，以及ITMC电子商务沙盘比赛中对商品类别的更新，我们对该书进行了及时升级，推出了本书。本书贯彻党的二十大精神，落实立德树人根本任务，通过具体的设计案例，培养读者的设计思维、审美能力、设计能力和创新能力。

作为网店美工案例类教材，与市场上的其他同类教材相比，本书具有如下特点。

1. 案例丰富

本书结合ITMC电子商务沙盘比赛及网上常见商品的品类，分别对一般食品类、生鲜食品类、办公用品类、数码配件类、电器类、服装类、家居用品类、箱包类、汽车用品类和百货类等网店的设计方法进行讲解。每个品类的网店设计均包括店标、店招、轮播图片、主图、主图视频和详情页设计。此外，本书还在前两个项目讲解了网店美工设计的基础知识，以及各个部分的设计要求，为后面4个项目的设计与制作实践奠定良好的理论基础。

2. 讲解内容丰富，形式多样

书中的"举一反三"模块是对正文中案例进行的再设计，可以让读者从更多的角度进行设计，以启发读者思维。此外，本书通过二维码的方式为读者提供配套的视频教学资料，读者直接扫描二维码即可观看视频。

3. 结合大赛，实战性强

本书将知识讲解与实例操作结合，所涉及的案例尽可能还原ITMC电子商务沙盘比赛的要求。读者通过学习本书，不仅可以自行使用Photoshop完成网店各个部分的设计，还可以深入了解ITMC电子商务沙盘比赛的相关要求和形式等。

4. 贯彻立德树人，落实素质教育

本书将素质教育与职业技能相融合，充分挖掘德育元素，在专业知识内容中寻找能与社会主义核心价值观、自我能力的提高、传统节日、人文情怀、进取精神、责任意识、爱国情怀等相结合的内容，并以"润物无声"的方式将正确的价值观、理念传递给读者。

5. 配套丰富资源

本书提供了丰富的配套资源，包括书中所有案例的素材文件和效果文件，以及PPT、教学

大纲、教案、题库等教学资源。用书教师可访问人邮教育社区（www.ryjiaoyu.com），搜索书名后进行下载。

尽管在本书的编写与出版过程中编者精益求精，但由于编者水平有限，书中难免存在不足之处，恳请广大读者批评指正。

编者
2024年5月

目录

01

项目1
网店美工设计基础

　　近年来，网上购物快速发展，基于网店对设计的需求，网店美工这一职业应运而生。若想从事网店美工这一职业，需要先了解网店美工的一些基础知识，如技能要求、工作范畴等，并掌握视觉设计的相关知识，如色彩、文字、页面布局与风格等。

素养目标

- 激发对网店美工职业的兴趣
- 加强网店美工的知识储备，提升专业水平

项目要点

- 网店美工概述
- 网店美工必备的视觉设计知识

任务1　网店美工概述

　　网店美工是网店页面编辑与美化工作者的统称，其主要工作是负责网店的视觉美化，传达商品信息、树立品牌形象，吸引消费者进店浏览，从而提升网店的商品销量。在学习如何设计网店页面前，需要了解网店美工的相关知识。

1.1.1　网店美工的重要性

　　网店美工的重要性主要体现在以下几个方面。

● **吸引消费者眼球**。网店美工通过各种视觉元素（如图片、形状、色彩）吸引消费者的注意力，使其对商品和品牌产生兴趣。

● **提升消费者体验**。网店美工通过设计符合消费者浏览习惯的页面，使消费者在网店的浏览体验更加顺畅、舒适，从而增加消费者在网店的停留时间。

● **传达品牌形象**。网店美工通过设计与品牌风格契合的网店效果，可以有效传达品牌理念和形象，增强消费者对品牌的认同感和信任感。

● **突出商品特点**。网店美工通过巧妙的排版和设计，可以突出商品的特点和优势，帮助消费者更快地了解商品信息，促进其做出购买决定。

● **提高网店转化率**。网店美工通过精心设计的网店页面吸引消费者的注意力，促使其更多地浏览商品信息，并最终完成购买行为，从而提高网店的转化率。

● **增强市场竞争力**。在竞争激烈的电商市场中，网店美工精心打造的网店视觉形象可以帮助网店在竞争中脱颖而出，吸引更多目标消费者，提升网店竞争力。

1.1.2　网店美工的技能要求

　　要想成为一名合格的网店美工，需要具备以下技能。

● 具备良好的沟通能力、理解能力和团队合作意识。

● 具备较强的美术功底、审美能力，以及丰富的想象力和创造力。

● 具备使用各种设计与制作软件的能力，如Photoshop、Cinema 4D、Illustrator、Premiere等软件，且熟悉简单的代码操作，方便编辑页面。

● 具备运营和营销思维，懂得从运营、推广、数据分析的角度思考，并将想法运用到设计中，以提升网店中商品的点击率，激发消费者的购买欲。

经验之谈

　　一名优秀的网店美工，除了掌握基本的技能外，还需要做到以下3点：①不断提高自己的专业技能；②不局限于当前专业领域，接触多元化的设计，保持设计思维的活跃性；③保持好奇心，多寻找与记录灵感，提高设计效果的创意性。

1.1.3　网店美工的工作范畴

　　网店美工的工作围绕网店展开，涉及处理商品图片、设计与制作推广图、设计网店页面、制作商品视频、装修网店页面等。在ITMC电子商务沙盘比赛中，网店美工的工作范畴主要是设计与制作网店中的店标、店招、轮播图片、主图、主图视频和详情页。

● 设计店标。店标是网店的标志，一个好的店标不仅要符合网店定位，向消费者传达明确的信息，还要表现网店风格与品牌形象。网店美工需要从色彩、图案、字体及动画等方面入手，使用醒目的色彩、独特的图案、美观的字体和直观的动画给消费者留下深刻的印象。

● 设计店招。店招是网店的招牌，通常位于网店首页顶端。网店美工在设计店招时需要根据网店需求，设计出能凸显网店特色、清晰传达品牌视觉定位的店招效果。

● 设计轮播图片。轮播图片是展示网店热卖商品的重要窗口，美观、独特的轮播图片能给消费者留下较好的第一印象，从而提升商品销售率。网店美工在设计轮播图片前应充分了解其设计要求，针对不同商品需求进行设计，从而使设计出的轮播图片能吸引消费者的注意力。

● 设计主图。主图可以将网店的商品、品牌、优惠等信息传达给消费者，加深网店和商品在他们心中的印象，从而提升商品的销量。网店美工需要分析商品信息，通过合理的设计，及时并有效地向消费者传达商品的价值。主图中的文案需要简洁精练，让消费者能够快速理解，并对其产生深刻的印象。

● 制作主图视频。主图视频可以将网店理念、商品制作工艺、商品使用方法等信息以视频的方式展示给消费者，使消费者了解商品。常用的视频编辑软件有剪映、Premiere等，网店美工需要使用视频编辑软件制作主图视频，将商品卖点直观地展现给消费者。

● 设计详情页。详情页是详细介绍单个商品功能、款式、材质等信息的页面，详情页的质量直接决定着网店商品的成交量。在设计详情页时，网店美工需要展示详细的商品信息，除此之外，还要使详情页具备美观性。

任务2　网店美工必备的视觉设计知识

优秀的网店往往具备色彩搭配合理、文字设计美观、页面布局协调、风格定位准确等特点。网店美工在开始设计前，需要了解色彩、文字、页面布局与风格等相关知识，以便设计时得心应手。

↘ 1.2.1　色彩搭配

色彩是影响视觉效果的重要因素，网店美工在设计过程中需要合理搭配色彩，以保证网店设计效果和谐、美观。

1. 色彩三要素

色彩三要素是构成色彩的基础，包括色相、明度和纯度。色相即色彩的相貌，用于区分各类颜色，如红色、黄色、绿色、蓝色等，不同色相的色彩混合可以得到更加丰富的色彩。明度即色彩的明暗和深浅程度，色彩中白色的量直接影响色彩的明度。纯度即色彩的饱和、鲜艳程度，加入白色和黑色都会降低色彩的纯度。

2. 色彩搭配的原则

进行网店色彩搭配时，应结合网店和商品的色彩与特点合理选择主色调，并控制好色彩比例。

● 合理选择主色调。针对不同的网店定位、商品类目，网店在色彩运用上有所不同，如食品类网店多以绿色为主色调，而电器、办公类网店则多以蓝色为主色调。因此，网店设计中的主色调应根据其给消费者的视觉感受而定，如洗衣液网店采用蓝色为主色调，可以营造干净的氛围，与商品的清洁功效契合。在选择网店主色调时，还需要系统地分析网店目标消费者的心理特征，找到这部分群体易于接受的色彩，然后应用到网店中，从而有利于网店的经营与管理。

● 合理控制色彩比例。网店页面的整个画面最好不要超过3种颜色。画面的色彩可以划分为主色、次色与辅色，通常主色占比60%左右，次色占比30%左右，辅色占比10%左右。在大型活动期间，可以采用多色搭配，使页面视觉效果显得更加活泼。

3. 常用的配色方案

网店美工在进行网店页面设计时，可以根据商品和品牌的设计需求，使用一些常见的配色方案，包括同色系色彩搭配、不同色相的色彩搭配，以及不同纯度、明度的色彩搭配等。

（1）同色系色彩搭配

同色系色彩搭配是指使用一种色系中的不同纯度或明度的色彩进行搭配，这样搭配出的效果和谐、平衡性强。图1-1所示为红色系色彩搭配效果，在页面中搭配深浅不一的红色，并使用白色和黑色作为点缀，突出了文案和商品外观。

图1-1　红色系色彩搭配效果

（2）不同色相的色彩搭配

在12色相环中，色彩分为红、橙、黄、绿、蓝、紫等12个区域，如图1-2所示。离得近的色彩搭配起来，视觉效果更柔和；离得远的色彩搭配起来，视觉效果则会更强烈。在搭配时，网店美工可根据色彩的间隔距离选择不同的搭配方式。

● 相邻色搭配。相邻色是指12色相环中相邻近的两种色彩，相邻色在色相环中形成的夹角一般不超过60°，例如，绿色和蓝色、橙色和黄色就互为相邻色。相邻色搭配的视觉效果非常柔和，能给人温馨的感觉。图1-3所示为黄色配绿色、黄色配橙色的色彩效果。

图1-2　12色相环

图1-3　相邻色搭配

● **间隔色搭配。** 间隔色是指12色相环中形成的夹角一般不超过120°的两种色彩，这样的色彩搭配会更明快、活泼、对比鲜明，如红配黄、蓝配红、橙配绿。图1-4所示为橙色搭配绿色的主图效果。

● **互补色搭配。** 互补色是指在12色相环上形成180°角的颜色，如蓝色和橙色、红色和绿色、黄色和紫色等。互补色的对比非常强烈，在颜色饱和度很高的情况下，可以创造出十分震撼的视觉效果，因此一般需要适当地加入黑色或白色进行调和。图1-5所示为橙色、蓝色搭配，加入白色进行调和的海报。

图1-4　间隔色搭配

图1-5　互补色搭配

● **分散的互补色搭配。** 分散的互补色和互补色的区别在于，分散的互补色不选择目标颜色在12色相环中正对面的颜色，如不选择黄色的互补色紫色，而是选择紫色旁边的两个颜色——红紫色和蓝紫色进行搭配。分散的互补色搭配不仅可以得到强烈的对比效果，而且还可以让色彩表现更加丰富。

经验之谈

　　为了使作品的色彩更加丰富，还可以选择更多的配色方案。如在12色相环上创建一个等边三角形，选择三角形3个角对应的一组颜色；或在12色相环上画一个正方形，选择正方形4个角对应的一组颜色；等等。

（3）不同纯度、明度的色彩搭配

除了色相，纯度、明度也会直接影响色彩搭配效果。色彩纯度分为高纯度、中纯度、低纯度，色彩明度分为低明度、中明度、高明度，如图1-6所示。按照不同纯度、明度，常见的色彩搭配方式有以下几种。

图1-6 色彩纯度与明度划分

● 低纯度、低明度色彩搭配可以给人陈旧、复古、高档、成熟、稳重、冷静、压抑、灰暗等感觉，如图1-7所示。

图1-7 低纯度、低明度色彩搭配

● 高明度、低纯度的色彩属于柔色调，如马卡龙色调。柔色调的色彩搭配可以给人文艺、清新、柔和、温柔、淡雅、轻盈、宁静、舒缓等感觉，如图1-8所示。

图1-8 高明度、低纯度色彩搭配

● 高纯度、高明度的色彩搭配能给人轻松、明快、新鲜、激情、热烈、时尚等感觉，能够有效促使人的生理、心理处于亢奋状态，常用于网店的活动促销设计中，如图1-9所示。

图1-9　高纯度、高明度色彩搭配

4. 不同色系的色彩搭配

不同的色系会带给人不同的心理感受，根据不同色系给人的感受进行色彩搭配可提升整个网店的视觉效果。

● 红色系。红色是浓郁、喜庆的色彩，容易激发人的热情和活力。鲜明的红色容易吸引目光，在网店设计中常用于突出表现某些内容。高纯度的红色通过与黑色、白色等搭配使用，可以得到现代前卫的效果，如图1-10所示。低纯度的红色可以让人产生冷静沉着的感觉，常用于营造古典氛围，如图1-11所示。

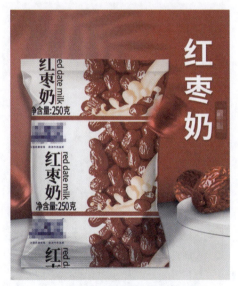

图1-10　高纯度的红色

图1-11　低纯度的红色

● 黄色系。明亮的黄色给人甜美、幸福、喜庆、富饶的感觉。同时，黄色还可以起到夸大、凸显的作用，所以经常用于促销文案或背景中。在网店设计中，黄色是非常容易搭配的颜色，图1-12所示为黄色搭配橙色、白色等的效果，画面简洁明亮。

图1-12　黄色系海报效果

● **白色系**。纯白色会带给人光明、严寒的感觉，在使用白色时，一般会掺一些其他的色彩，得到如象牙白、米白、乳白、苹果白等颜色。在网店设计中，白色与红色、黄色、橙色等搭配可以增加华丽的感觉，与蓝色、紫色、绿色等搭配可以传达清爽、轻快的感觉。图1-13所示为用白色搭配蓝色和绿色的牛奶焦点图，给人一种清新自然的感觉。

● **橙色系**。橙色可以给人温暖、朝气蓬勃、华丽、健康、兴奋、欢乐、辉煌、有食欲的感觉。在网店设计中，橙色搭配绿色，可以营造春意盎然、绿色健康的形象，如图1-14所示。橙色与灰色、深棕色搭配，则可给人质朴简约、气质非凡的感觉。

图1-13　牛奶焦点图

图1-14　坚果焦点图

● **绿色系**。绿色是大自然的颜色，浅绿色给人文艺清新的感觉，深绿色给人天然、健康、生命、青春、希望的感觉，常用于有机食物、含有天然植物成分的商品的网店设计中。在网店设计中，绿色常与橙色、黄色、白色搭配，可以显得网店清新、有朝气、有活力。图1-15所示为深绿色背景和浅绿色的商品的搭配效果，大面积的绿色背景营造出春回大地的氛围。

图1-15　绿色系海报效果

● **蓝色系**。高纯度的蓝色给人整洁、轻快的感觉，低纯度的蓝色给人都市化的感觉。蓝色系常用于科技商品、电器、办公用品、清洁用品等商品的网店设计，常与白色、黄色、灰色搭配，给人干净、清澈、简洁的感觉。图1-16所示为蓝色搭配白色、金色和红色的海报效果，画面显得清澈、明亮。

● **紫色系**。紫色给人高贵、优雅、浪漫、温馨的感觉。较暗色调的紫色给人成熟的感觉，适用于以女性为目标消费群体的，或摄影、绘画等艺术类的网店设计。在网店设计中，紫色常与白色、灰色、橙色等搭配。图1-17所示为紫色系海报效果，其用紫色渲染整个背景，形成温馨的氛围。

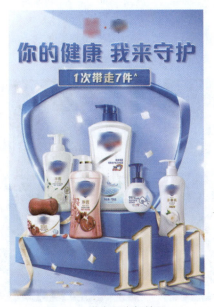

图1-16　蓝色系海报效果

图1-17　紫色系海报效果

● **黑色系**。偏黑的颜色给人高贵、稳重、高科技的感觉，常用于科技商品的网店设计中。

黑色背景可以突出高明度的白色、蓝色、黄色、绿色等色彩。图1-18所示为黑色系轮播图片效果，以蓝色文字突出主题，搭配白色，效果自然，使画面科技感十足。

图1-18 黑色系轮播图片效果

1.2.2 文字应用

文字能直观地向消费者阐述商品的详细信息，引导消费者浏览页面与购买商品。网店美工在设计文字时，可根据不同的画面选择不同的字体类型，并运用一定的文字布局技巧和文案策划方法，让画面更加美观和更具吸引力。

1. 字体的类型

网店美工可根据网店和商品的特征来选择字体类型，使字体效果更加符合网店需求。

● 宋体。宋体是网店设计中使用最广泛的字体之一，其笔画纤细，较为优雅，具有文艺气息，常用于家装类、服装类网店设计中。图1-19所示为宋体在商品推广图中的应用。

● 黑体。黑体笔画横平竖直，字形方正，具有浓烈的商业气息，常用于店招、商品详情页、轮播图片等设计中。图1-20所示的海报通过不同大小的黑体字来区分内容的层级关系。

● 书法体。书法体常指具有书法风格的字体，其笔画多变，富有历史性和文化性，常用于书籍类等具有古典气息的网店中。图1-21所示为应用书法体的茶叶海报效果。

图1-19 宋体

图1-20 黑体

图1-21 书法体

● **美术体**。美术体多指一些笔画和结构有特殊设计的字体，其具有较强的独特性和艺术性，可以提升艺术品位和网店格调，常用于商品名称、品牌名称、活动主题等文字设计。图1-22所示为应用美术体的网店页面效果。

图1-22　美术体

2. 字体的运用原则

字体的运用可以参照以下两个原则。

● 网店页面中的文字应避免纷杂凌乱，尽量让消费者易辨识和易懂，从而充分地表达设计主题。图1-23所示为某网店的商品详情页温馨提示板块，该板块的标题、正文等采用不同的字体，且正文中的关键信息标红，使消费者一眼能够辨认出重要内容，文字的可读性较强。

● 文字的排版要美观，这既能向消费者传递视觉上的美感，还可提升网店格调，给消费者留下良好的印象。图1-24所示为某家居网店的首页分区板块，该板块的文字和图像整齐划一，文字采用居中对齐的方式，使整体更加规整，带给消费者视觉享受。

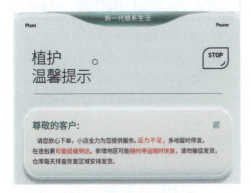

图1-23　增强文字的可读性

图1-24　增强文字排版的美观性

3. 网店文案写作

美观的文字能吸引消费者眼球，但若文案不够吸引人、不能打动消费者购买，则无法满足网店需求。因此，优秀的网店美工还需要具备文案写作能力，让文字能够更好地传达设计诉求。

（1）文案写作要点

在网店设计中，不能随意创作文案，网店美工在写作文案时需遵循以下要点。

● **通过利益诉求吸引消费者。** 消费者在购买商品之前，通常想知道这个商品能给自己带来什么样的实际益处，如果文案能给消费者明确的利益承诺，告诉消费者使用该商品的结果及其产生的实际效益，就能吸引消费者的关注。图1-25所示的某垃圾袋海报中，文案"底部牢不漏水"明确告诉了消费者垃圾袋的质量好、不易被扯破，可以打消消费者顾虑，让消费者放心购买。

● **精准锁定目标人群。** 商品文案一般很难满足所有消费者的需求，因此在写作文案时，可以先选出合适的目标消费群体。图1-26所示的某拖把海报中，文案"清洁无死角 直达家具底部"将目标定位于经常打扫卫生的消费者，迎合他们对清洁用具的实用性需求。

图1-25　通过利益诉求吸引消费者　　　　　图1-26　精准锁定目标人群

● **信息真实。** 商品信息描述必须符合实际情况，特别是商品的细节、材质和规格等基本信息，一定要真实可信，因为消费者会根据商家提供的商品信息来判断商品是否符合自身需求。弄虚作假、与常理相悖的描述不仅糊弄不了消费者，还会对网店口碑产生负面影响，因此，为了提高销量而采用弄虚作假的手段非常不可取。虽然可以对商品的生产背景、商品加工过程等进行适当的美化，让商品更加有内涵，但不能肆意夸大。

● **强调商品卖点。** 在文案中强调商品或品牌的核心卖点，能够给消费者留下深刻的印象，从而引导消费者查看文案的详细内容，并关注该商品或品牌，产生购买欲望。图1-27所示的某乳胶鞋垫海报中，文案"软弹"强调了该商品的卖点，而其他文案"弹de更轻柔，软de不底线"强化了该卖点在消费者心中的印象。

● **巧用修辞手法。** 比喻、引用、双关、设问、对偶、拟人和夸张等修辞手法不仅可以增加商品文案的吸引力和趣味性，还能使文案更有创意。图1-28所示的某小狐狸电饭煲海报中，文案"饭界萌厨出'狐'意料"用双关和拟人的方式，让消费者在脑海中产生联想，从而产生购买欲望。

图1-27 强调商品卖点　　　　　　图1-28 巧用修辞手法

（2）文案写作注意事项

文案写作应注意以下问题。

● **避免重复**。当同质商品较多时，尽量不要都使用一样的文案，应挖掘商品的特点，创作出具有独特个性的文案。

● **避免语句过长**。应将需要表达的信息关键词放在前面，迅速引起消费者的阅读兴趣。避免语句过长的有效方法是：在保留核心信息的基础上，不断删减字数、调换句式，或用短词语替换长词语等。

● **避开敏感词**。避免出现《中华人民共和国广告法》中规定的违禁词和敏感词，一旦出现这些词，平台就会将整个标题过滤掉，消费者就无法搜索到相应的商品。另外，标题中还要避免出现如"肥胖""衰亡"等消费者忌讳或讨厌的词，这些词不仅会惹来争议，还会降低消费者对品牌的好感度。

↘ 1.2.3 页面布局与风格

网店中页面的大小是固定的，若想让整个页面具有设计感和吸引力，可通过页面布局和风格定位来完成。页面布局可以让页面效果更具协调感，对网店进行风格定位则可加深消费者印象，提高商品成交率。

1. 页面布局

页面布局是将页面中的各元素通过一定的方式达到协调完整的效果。不同的布局方式不仅可以提升整个页面效果的美观度，还可以给消费者带来不同的视觉感受。在对网店进行页面布局的过程中，文案与商品（或商品模特）的排版尤为重要，一般呈现为以下几种模式。

● **两栏式**。把整个版面分为左右两个部分，根据需求可以文案在左、商品在右，也可以文案在右、商品在左。一般两栏式布局会对文案进行装饰或添加背景，以达到左右均衡。图1-29所示为两栏式布局的效果，右侧为说明性文字，左侧为商品图片，整个画面和谐美观。

图1-29　两栏式布局

● **三栏式**。把整个版面分为左、中、右3个部分，一般文案在两边，中间放置模特或商品图像。图1-30所示即为三栏式布局的效果，其画面视觉效果稳定，商品和文字信息突出。

图1-30　三栏式布局

● **上下式**。把整个版面分为上下两个部分，可以文案在上、商品在下，也可以文案在下、商品在上。由于页面的尺寸高度限制，所以上下式布局一般使用较少。图1-31所示为上下式布局的效果。

图1-31　上下式布局

● 组合版式。将装饰素材添加到两侧，中间的文案和商品进行上下排列；或将装饰素材添加到一侧，另一侧的文案和商品进行上下排列。图1-32所示为组合版式布局效果。

图1-32　组合版式布局

● 中心式。中心式布局的商品或文案在画面中占比较大，为主要展示对象。一般将商品或模特放置在画面中心，在其上层、下层或周围使用文案或其他元素进行装饰。这种版式直观大气，视觉冲击力强，便于展示商品细节，常用于有模特展示的服装、美妆等页面布局中。图1-33所示为中心式布局效果。

图1-33　中心式布局

2. 网店风格

网店风格在一定程度上可以影响网店流量和商品销量。风格定位准确、精致美观、富有创意的设计可以提升网店的品位，增加消费者的浏览时间，最终提高网店销售额。

● 极简风。极简风是近几年比较流行的网店风格，主要特点为采用温和的低饱和度色彩、大面积的留白、整齐简洁的布局和清晰直观的信息，多选择白色或其他纯色作为背景，凸显品牌对简约和独特质感的追求。图1-34所示为小米官方旗舰店首页，其极简风设计很好地突出了商品质感和品牌基调。

图1-34　极简风

● 可爱风。可爱风主要以可爱的元素和鲜亮的色彩为基调来进行搭配，将色彩与元素结合起来，营造可爱、温暖的氛围。该风格可以自然地拉近网店商品与消费者的距离，具有得天独厚的亲切感。图1-35所示为某拖鞋详情页，可爱风很好地突出了商品的可爱外观。

● 立体风。立体风以其独特的立体视觉效果，成为近几年炙手可热的网店风格，其主要特点为采用交互叠错的三维几何形状，搭配富有创意的卡通形象，再采用梦幻、清新的色彩进行组合，形成富有动感的完整画面。图1-36所示为某玩具详情页，采用立体风设计，通过立体的背景，搭配立体的玩具，让消费者产生身临其境的感觉。

● 科技风。科技风具有未来感和智能感，包含机械、人工智能、科研场景，以及强辨识度的发光字体、发光线条等元素，多采用黑色、紫色、蓝色、青色进行搭配。科技风能极大程度地增强网店的视觉冲击力和感染力。图1-37所示为某笔记本电脑详情页，采用蓝色、白色、紫色等，搭配发光字体，营造出智能感。

图1-35　可爱风

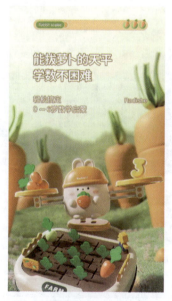

图1-36　立体风

图1-37　科技风

● **中国风**。中国风运用源于中国传统文化和历史的色彩、图腾等元素，将中国特有的美学提炼并融入网店设计中，既能使网店具有人文气息，又能发扬中国传统文化。图1-38所示为某玉镯详情页，采用古色古香的色彩搭配以及富有传统文化的装饰元素，营造了浓浓的中国风氛围。

● **插画风**。插画风明艳的配色和丰富的形状能让网店视觉效果变得丰富多彩，吸引消费者的目光，拉近与消费者的距离，因此一直是网店设计风格中较为常见的类型。图1-39所示为某糕点详情页，插画风的页面设计与商品包装上的插画形成呼应。

图1-38　中国风

图1-39　插画风

02

项目2
网店装修的设计基础与要求

网店美工要想使设计出的网店风格独特，商品图片排版美观、卖点突出，首先需要了解网店的店标、店招、轮播图片、主图、主图视频、详情页等各部分内容的设计基础与要求，进而运用前面所学的视觉设计知识，对网店的各部分进行设计。

素养目标

- 培养对网店页面各个部分的规划与布局能力
- 培养学习与规范意识，按照规范设计网店页面的各个部分

项目要点

- 店标、店招设计基础与要求
- 轮播图片设计基础与要求
- 主图、主图视频设计基础与要求
- 详情页设计基础与要求

任务1　店标设计基础与要求

在网店设计中，店标具有较强的信息传达功能，能以简洁的图形和文字，传达特定的信息，使人们能够快速地识别、理解和记忆，常被用在店招、主图、主图视频、详情页等中。店标贯穿整个网店设计，是网店设计中不可或缺的一环。

↘ 2.1.1　店标的组成形式

在网店设计中，由于网店的定位不同，对店标的要求也存在区别。常见的店标主要由文字和图形组成，网店美工可直接使用文字作为店标，也可直接使用图形作为店标，还可采用图文结合的方式进行店标设计。

● **文字类店标**。文字有汉字、英文等。在店标设计中可使用汉字作为设计元素和造型基础，从汉字的形、意出发进行店标设计。汉字笔画复杂，经过个性化的设计，可以使店标产生与众不同的视觉效果，更具有吸引力，如图2-1所示。英文具有国际化的优势，使用英文作为店标，能够帮助企业或品牌建立国际化形象，扩大品牌覆盖面和影响力。同时，与其他外语店标相比，英文店标比较简单、清晰，易于理解和识别，也更容易在消费者心中留下深刻的印象，如图2-2所示。

图2-1　汉字店标　　　　　　　　　　　　　　　　　　图2-2　英文店标

● **图形类店标**。其由图形元素构成，即以具体的客观事物或对象为主要元素的店标，如"梦特娇"标志的图案是一朵小花。图形类店标能够准确地传达企业或品牌的特点和形象，其特征鲜明、生动形象，设计效果好。但是，由于消费者很难只通过图形了解店铺需要表达的内容，因此该形式在店标设计中使用较少。图形类店标如图2-3所示。

图2-3　图形类店标

● **图文结合类店标**。其由图形与文字结合构成，具有文中有图、图中有文的特征，更容易让消费者理解与记忆，传达的信息也更加丰富。图文结合类店标一般以文字为主、图形为辅，或是以图形为主、文字为辅，整体图文并茂，能有效强化表现对象的视觉形象特征，因此使用较为广泛。图2-4所示为图文结合类店标，名称和精美的图形相互呼应，既直接又美观。

图2-4 图文结合类店标

↘ 2.1.2 店标设计的特点

店标是网店中出现频率较高的视觉符号，常常给消费者留下深刻的印象。一个优秀的店标应具备以下特点。

● **店标设计要造型新颖、识别性强。** 网上的店标设计素材很多，在设计店标时，只有造型新颖、识别性强的店标，才能与其他店标区别开来，在消费者心中留下深刻的印象。

● **店标设计要有统一性。** 店标设计需要与网店的经营理念、文化特色，以及经营的内容和特点相统一，店标的外观、颜色要与网店风格相统一，不能只考虑美观而与网店主题不符。店标一旦确立，就不要随意改动，以保持网店形象的一贯性。

● **店标设计要与时俱进。** 随着电商设计扁平化、移动化等趋势的发展，有必要对现有的店标形象进行改进，使其符合当下的设计规范和审美需求。

● **店标设计要有系统性。** 确定店标后，还需要对店标进行精细化设计，如店标的颜色变化、店标与背景的组合方式、不同客户端店标呈现的样式等，以及对未来店标的应用进行规划，使其更加系统化、规范化、标准化。

● **店标设计要有延伸性。** 店标作为网店应用广泛、出现频率较高的视觉传达元素，可能在各种传播媒介上广泛出现。因此，网店美工要针对制作工艺技术、材料质地、印刷方式、应用项目的不同需求，进行多种对应性和延展性的店标设计。

↘ 2.1.3 店标设计规范与要求

店标要大小适宜、比例精准、无压缩变形，店标尺寸为120像素×120像素，大小不超过150KB。网店店标上传的图片文件格式通常要求为GIF、JPG、JPEG、PNG等。此外，店标中的文字和图形必须遵守相关的法律法规，部分重要的规范要求如下。

● 未经许可，严禁使用电商平台专用的文字和图形作为网店宣传的文字和图形。

● 店标禁止使用带有种族歧视、仇恨、性和淫秽信息的语言，或不良言辞；店标禁止使用与国家名称、国旗、国徽、军旗相同或者近似的文字或图形。

● 店标禁止使用同政府间国际组织的旗帜、徽记、名称相同或者近似的文字或图形。

● 店标禁止使用同第三方店标相同或者近似的文字或图形，如中国邮政、中国电信、中国移动、中国联通、中国网通和中国铁通的标志，或"红十字"店标、"红新月"店标等。

● 如消费者或网店不具有相关资质或未参加相关活动，不允许使用与特定资质或活动相关的具有特定含义的词汇，如消费者保障计划、先行赔付等。

● 店标禁止使用带有民族歧视性的、有害于道德风尚或者其他不良影响的，或夸大宣传并带有欺骗性的文字。

● 店标禁止使用县级以上行政区划的地名或者公众知晓的外国地名，地名具有其他含义的除外，已经注册的使用地名的店标继续有效。

任务2　店招设计基础与要求

店招一般位于网店首页顶部，主要用于展示店标、网店名称、品牌口号、活动内容等需要让消费者第一眼就了解的信息。网店美工要想快速完成店招设计，需要先了解其设计要求和设计规范。

↘ 2.2.1　店招设计要求

在进行店招设计时，要想给更多消费者留下深刻印象，须遵循以下设计要求。

● 进行网店定位。网店美工在设计店招时，需要先对网店进行定位，以确保店招能够传达明确的商品信息，并吸引消费者进店浏览和购买商品。在定位时可先了解网店所销售商品的特点和目标消费者，将这些特点融入店招设计中。例如，某网店主要销售时尚女装，其店招可以采用时尚、女性化的视觉元素，以吸引目标消费者。

● 展示品牌形象。网店美工在设计店招时可以通过网店名称、店标来植入品牌形象。

● 符合设计规范。店招的尺寸要求是950像素×120像素，其格式应设置成JPG、GIF、PNG等，其大小应在3MB以内。

图2-5所示为"源生鲜"店招，左侧的店招名称体现了网店的商品定位为"生鲜"，右侧放置该网店上新的商品，有利于消费者准确判断该网店的商品是否符合自己的需要。并且该店招的整体色调为红色，与白色搭配方便识别。

图2-5　"源生鲜"店招

↘ 2.2.2　店招设计规范

在设计店招时，若想使店招具备良好的视觉美感，以吸引消费者的眼球并激发他们的购买欲，需要先了解店招的设计规范。

● 店招的视觉重点不宜过多，宜为1～2个。

● 店招的颜色尽量少于3种，减少使用过于刺激的颜色，保证店招简洁、明了。若店招太花哨，容易给消费者造成视觉疲劳。

● 店招设计要随着不同时期、不同节日、不同促销活动而有所变化，使用相应的设计素材、造型形式及流行色彩等。如"双十一"大促期间，用红色作为主色调，用文字突出"双十一"大促的优惠，并将优惠券放置到店招中。

- 店招设计要做到与众不同、标新立异。一些特别的网店，要敢于使用创新的形象和文字来体现网店的独特风格。

任务3　轮播图片设计基础与要求

轮播图片一般用于展示网店活动与促销信息，是网店中吸引眼球的部分之一，具有增加网店人气、促进销售的特点。高质量的轮播图片设计可加深消费者对网店的印象，提升网店销量。

↘ 2.3.1　轮播图片设计要求

为了提高轮播图片设计的准确性、规范性和效率，进行轮播图片设计前，网店美工需要向需求方确定轮播图片的文案信息、素材、尺寸大小、投放平台、设计目的，便于确定轮播图片风格。如本书后续案例中会要求根据素材和商品信息制作PC端、移动端两个端口的轮播图片，PC端轮播图片尺寸为950像素×250像素，移动端轮播图片尺寸为1200像素×600像素，且图片大小须在3MB以内，其格式支持JPG、JPEG、PNG等。

↘ 2.3.2　轮播图片设计要点

要想轮播图片具有美观、吸引消费者注意力的效果，网店美工就要综合考虑每张轮播图片的主题、字体、配色和排版等设计要点。

1. 主题

无论是新品上市还是活动促销，轮播图片中的内容都需要围绕同一个主题，并确定对应的轮播图片效果。一般情况下，网店美工可通过商品和文字描述来体现轮播图片主题，并将商品放在轮播图片的第一视觉点，让消费者第一眼就看到商品，然后根据商品和活动的特征选择合适的背景。

图2-6所示为键盘轮播图片，上方为不同颜色的键盘展示，下方通过文字体现轮播图片的主题，不但视觉效果美观，而且主题明确。

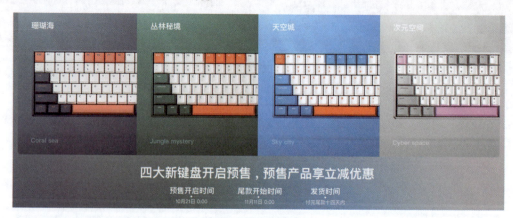

图2-6　键盘轮播图片

2. 字体

在编辑文案时，文案的字体不要超过3种，建议用稍大或个性化的字体突出主题和商品的特征。图2-7所示的苏泊尔电饭煲轮播图片采用了同一种字体，使画面统一，并采用了醒目的颜色展现促销信息，识别性强。

图2-7　电饭煲轮播图片

3. 配色

网店美工在为轮播图片配色时，需要用突出、醒目的颜色强调重要的文字信息，通过明暗对比以及不同颜色的搭配来确定对应的风格，应使背景颜色统一，但不要使用太多的颜色，以免使画面显得杂乱。图2-8所示的服装轮播图片采用互补色搭配方式，使整个背景对比强烈，增强了轮播图片的可识别性。

图2-8　服装轮播图片

4. 排版

排版是指对文字、图片、图形等可视化元素进行位置、大小、外观的调整，使之达到美观的视觉效果。在排版轮播图片的过程中，常用到以下排版原则。

- 相关内容对齐、聚拢。将轮播图片内容分成几个区域，相关内容都聚集到一个区域中。相关内容要对齐，这样不仅美观，而且方便消费者浏览。

- **适当留白**。为了突出重点内容并保持版面的美观，轮播图片内容不宜过多，版面内容不宜排列得太紧凑，需要留出一定的空白，否则容易扰乱消费者视线，或产生压迫感。图2-9所示的风扇轮播图片将主要内容集中到图片中央，其他区域则留白，使消费者视线集中到图片中的商品主体上。

图2-9　风扇轮播图片

- **保持画面的和谐统一**。元素与元素之间、元素与整体之间是一种协调的关系，如元素的大小、元素的颜色、元素与整体的风格应协调，避免出现突兀的视觉元素。图2-10所示的鸡蛋轮播图片中，文字、背景和商品采用基本相同的色调，使三者之间和谐统一。

图2-10　鸡蛋轮播图片

- **使用对比突出原则**。轮播图片对比包括颜色对比、文字大小对比、形状对比等。对比可以增大不同元素的视觉差异，既能突出视觉重点，又能增加轮播图片的活泼性和丰富性，使画面不再呆板、沉寂。
- **把握节奏韵律**。轮播图片中的一种或多种元素按一定的规律排列，会产生音乐一般的韵律感。
- **把握画面的平衡性**。画面的平衡性，即轮播图片元素与元素之间、元素与整体之间的大小、形状、数量、色彩、材质等的分布与视觉上的平衡。图2-11所示的鲜橙轮播图片在两侧使用文字保持画面的平衡性。

图2-11　鲜橙轮播图片

任务4　主图设计基础与要求

主图即网店中引流的商品图片，消费者点击主图后会直接进入详情页。一张好的主图可以吸引大量消费者点击，为网店带来许多流量，进而为网店节省运营成本。

↘ 2.4.1　主图设计要求

主图通常包括5张，其尺寸为800像素×800像素，其单张大小不能超过3MB。第一张商品主图一般依据商品的卖点及特点来设计，主要包括商品的名称、图片、卖点和价格等重要信息，以促进商品销售。其他4张主图多为商品的细节展示，以增进消费者对商品的了解。

图2-12　第一张行李箱主图

图2-12和图2-13所示为行李箱主图，第一张主图将行李箱的卖点"时尚经典 结实耐用"和优惠信息"参券满199元-35元"体现出来；而其他商品主图主要用于描述商品的作用和细节，如优质的拉杆和滑轮、便捷的开锁方式、抗压的箱体等。

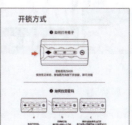

图2-13　其他4张行李箱主图

↳ 2.4.2 主图设计要点

主图一般由背景、商品和文案组成，下面从这3个方面分析主图的设计要点。

● 背景。背景颜色常使用可以烘托商品的纯色背景，切记不要用过于繁杂的颜色。使用纯色背景在颜色搭配上比较容易，也能令人印象深刻，如图2-14所示。过多、过杂的背景颜色会使消费者感到视觉疲劳，分散消费者注意力。将场景图作为背景时，场景元素不可过多，可对场景中商品以外的元素进行适当的虚化处理，以简化场景，突出商品的主体地位。图2-15所示的主图对场景进行了虚化处理，商品更加突出，整体更加简洁。

图2-14　纯色背景主图　　　　　　　　　图2-15　场景图主图

● 商品。选择的商品图片只有较好地反映该商品的功能和特点，才能对消费者产生较强的吸引力，同时应保证商品图片有较高的清晰度。此外，需要控制主图中商品的大小，商品太小不方便查看，商品太大又不易放置文案，一般商品高度控制在背景高度的2/3～4/5为宜。图2-16所示的商品主图中，商品分别在右侧和在中间位置的2/3～4/5高度处，使消费者能够清晰了解商品内容。

图2-16　商品位置合适的主图

● 文案。文案不能影响图片的整体美观度，不能本末倒置。文案不但能提升主图的美观度，还能通过直观的信息来快速刺激消费者的消费欲望。在编辑文案时，内容要尽量简单，字体应统一，做到简短、清晰，避免出现文案内容混乱、喧宾夺主等情况，如图2-17所示。为了避免图片被盗用，可为主图添加水印，水印可以是网店名称或店标，以加深消费者对网店的印象。

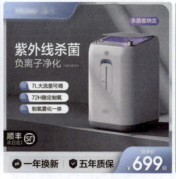

图2-17　文案精简的主图

任务5　主图视频设计基础与要求

主图视频比图文的展示效果更直观，能帮助消费者更快地了解商品信息，打消消费者对商品的疑虑。

↘ 2.5.1　主图视频的类型

主图视频主要可分为以下3种类型。

● *展示商品的主图视频*。要想让消费者能够更直观地感受商品的细节或规格，可以通过展示商品的主图视频来全面地展示商品。如服装上身效果展示、手机外观展示等主图视频。

● *描述使用方法的主图视频*。对于需要加工的商品，比如自热火锅、烹饪材料等商品，可以将商品的使用方法作为主图视频内容，让消费者更清楚如何操作。

● *宣传品牌的主图视频*。要想打造品牌，可从宣传企业基本信息、实力、信誉等方面制作主图视频。有创意的品牌宣传主图视频，能够让消费者快速记住该品牌，便于品牌后续扩大营销。

↘ 2.5.2　主图视频的制作要求

主图视频主要以视频的形式补充主图对商品的展示，通常显示在商品页面的第一张主图之前，如图2-18所示。在制作主图视频时需要满足以下要求。

● *主图视频清晰度*。清晰度≥720P（高清视频标准之一，指视频的分辨率为1280像素×720像素）。

● *主图视频尺寸*。分辨率大于1280像素×720像素，比例为1∶1或16∶9。

● *主图视频时长*。视频时长≤60秒，建议时长为9～30秒。

● *主图视频格式*。MP4格式。

● *主图视频内容*。主图视频中无水印、无二维码，商家店标不得以角标或水印的形式出现，无"牛皮癣"，无外部网

图2-18　主图视频

站信息。主图视频内容必须与商品相关，不能是纯娱乐或纯搞笑的段子，不建议将电子相册式翻页图片作为主图视频内容。

经验之谈

主图视频中应避免的"牛皮癣"主要指：多个文字区域大面积铺盖画面，干扰消费者正常查看商品；文字区域的颜色过于醒目且面积过大，分散消费者注意力；文字区域在商品中央，透明度低、面积大且颜色鲜艳，妨碍消费者正常观看视频。

任务6　详情页设计基础与要求

在网络购物中，消费者不能实际接触商品，只能通过详情页来了解商品，所以详情页的质量在很大程度上能影响商品销量。在设计详情页前，网店美工需要先了解详情页的组成部分，再掌握其设计规格与风格、设计要点及注意事项等，方便后续进行详情页设计。

↘ 2.6.1　详情页的组成部分

详情页是指通过图文的方式对商品的详细信息，如商品的外观、尺寸、材质、颜色、功能、使用方法等进行介绍的页面。要想设计出高质量的详情页，需要先了解详情页的组成部分，然后针对每一个部分设计内容。下面以一款芒果的详情页为例，介绍详情页的主要组成部分，如图2-19所示。

- **焦点图**。焦点图一般由商品、主题与卖点3部分组成。焦点图通过突出商品优势及放大商品特点来吸引消费者购买该商品。焦点图一般有两个作用：①明确商品主体，突出商品优势；②承上启下，增强消费者向下浏览的兴趣。在设计焦点图时，网店美工要想突出商品优势，就必须在文案与图片的设计上创新，通过突出商品的特色及放大商品的优势，或通过对比商品与同类商品的优劣，来展现商品优势。

- **信息展示**。为了使网上购物的消费者准确把握商品的详细信息，网店美工需要展示商品的尺寸、品牌、品名、规格、型号、成分、颜色等内容。除此之外，还可采用放大细节的方式，提升消费者对商品的了解度。

- **卖点说明**。商品卖点是基于消费者的需求，从商品的使用价值、外观、质量、规格、功能、服务、承诺、荣誉、品质等诸多信息中提炼出来的，是吸引消费者购买商品或服务的主要因素。卖点一般具有以下3个特征：①卖点独特，如果能提炼出与竞品不同的独特卖点，就很可能影响消费者的购买行为，如农夫山泉的"有点甜"；②有足够的说服力，能打动消费者，卖点与消费者的核心利益息息相关，如空调的"变频"与"回流"等；③长期传播的价值及品牌辨识度，如红罐凉茶"王老吉"等。

- **服务与售后**。在网店中，商品与服务是不可分割的，因此需要对消费者容易感到困惑或产生疑虑的内容提供品质承诺，如制作工艺、认证证书、物流安全等承诺。除此之外，还可用问题解答的方式，打消消费者的顾虑，促进其购买商品。

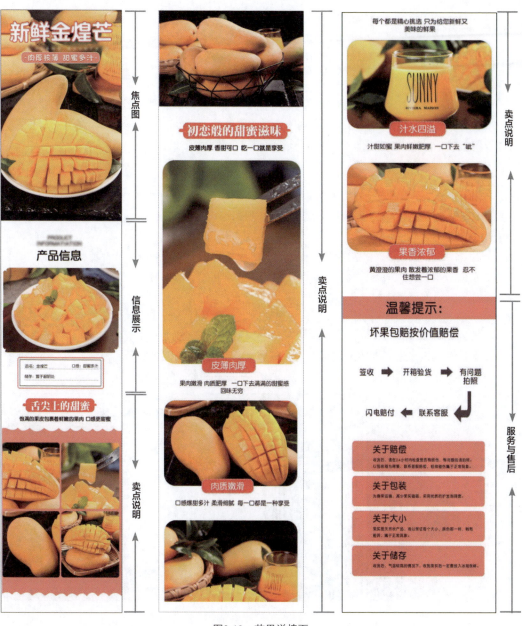

图2-19　芒果详情页

经验之谈

　　详情页的内容不是固定的，网店美工在实际制作详情页时可根据商品具体情况、商家要求和目标消费者需求增加或减少详情页内容。如电器需要多展示功能，家具需要多展示其使用场景等。

↘ 2.6.2 详情页规格与风格

详情页的宽度为750像素，总高度不超过35 000像素；完成后的图片大小须在**3MB**以内；其支持的格式包括 JPG、JPEG、PNG。

详情页的风格有很多种，如复古、炫酷、时尚、卡通、简约等，为了保证详情页各部分风格统一，详情页的用色、字体、排版方式等应具有协调统一性，各个模块之间的版式分割要统一。一般柔和的曲线分割适合母婴用品，利落的直线或斜线分割适合数码类、运动类商品。使用形状进行分割时需要保持形状的统一，过多的形状会导致页面混乱。

↘ 2.6.3 详情页的设计要点

详情页主要用于促进商品的销售，因此网店美工在设计前需要对商品有很深的了解，同时站在消费者的角度思考，这样详情页更能激发消费者的购买欲，从而促进商品成交。网店美工在设计详情页时需要把握以下几个要点。

● **吸引消费者注意**。网店美工可通过美观的版式效果、有创意的设计为商品增添亮点，以吸引消费者关注；同时，也可在详情页中加入销量优势、功能特点、促销信息等来吸引消费者注意，激发消费者的潜在需求。

● **赢得消费者信任**。网店美工在设计详情页时，可从商品细节、消费者痛点和商品卖点、同类商品对比、第三方评价、品牌附加值、消费者情感、品质证明、售后服务等方面赢得消费者信任，激发消费者的潜在需求，提高消费者的购买欲。图2-20所示的洗衣机详情页中，通过介绍专属洗涤方式赢得消费者信任，从而提高消费者的购买欲。

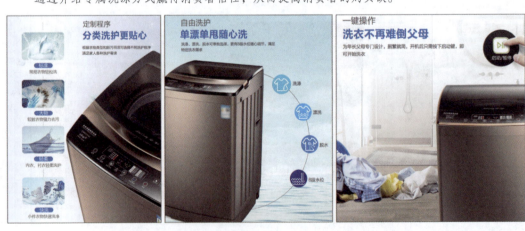

图2-20 洗衣机详情页

● **真实展示商品**。网店美工可以多角度展示商品，注重商品形象的塑造，避免过度美化商品图片而导致图片偏色、变形，或过度夸大商品的性能而导致言过其实，这样会产生不必要的售后纠纷，降低网店的信誉。

经验之谈

若商品的使用者和购买者不是同一个人，如婴幼儿用品的购买者是父母，使用者是婴幼儿，则在进行详情页设计时，不能只以婴幼儿作为目标消费者，还应该从购买者（父母）的角度进行考虑。

2.6.4　详情页设计注意事项

在设计详情页文案和图片时，为了使详情页更具吸引力，需要注意以下3点。

● 保持图片的精美。详情页图片要清晰、美观，图片中的商品无刮痕、污渍，选择的图片应尽量多角度展示商品。

● 运用差异化文案。详情页文案需要有创意，这样商品才能从众多竞品中脱颖而出。如迷你充电宝的商品文案采用"小巧轻便"，不会给消费者留下特别的印象，但是采用"小得就像手机充电头"，就能明确告诉消费者手机充电宝的大小，更有画面感。

● 遵循实事求是原则。无论是商品图片，还是商品文案，都必须真实地反映商品的真实属性，应避免过度美化图片造成偏色、变形等问题，或过度夸大商品属性造成言过其实等问题，尽量避免产生不必要的售后纠纷，避免降低网店的信誉。

03 项目3 一般食品类和生鲜食品类网店设计

　　一般食品类和生鲜食品类商品是生活中不可或缺的商品类目。设计一般食品类网店时，需要根据不同食品的信息，如口味、原材料等，在轮播图片、主图、主图视频、详情页等各类设计作品中体现出食品特点，从而达到吸引消费者的目的。在设计生鲜食品类网店时，除了需要体现生鲜商品的味道、价格、产地等信息外，还要着重体现生鲜商品的新鲜、品质等。

素养目标

- 培养审美能力，能够合理规划与布局网店页面，提升页面的美观度
- 养成细心、耐心的良好品德，深入挖掘用户和市场需求，吸引用户的注意

项目要点

- 一般食品类网店设计
- 生鲜食品类网店设计

任务1　一般食品类网店设计

俗话说："民以食为天。"食品与人们的生活息息相关，零食作为常见的食品，深受人们的喜爱。一般食品类网店设计需要在符合网店定位的前提下，清晰地展示食品的信息，本案例将对"邻食铺子"零食网店的店标、店招、轮播图片、主图、主图视频和详情页进行设计。

↘ 3.1.1　网店背景与设计思路

"邻食铺子"是一家致力于为广大零食爱好者提供丰富、新鲜、美味的零食，让消费者在购物过程中享受惊喜与满足的店铺。该店铺注重食品品质和食品安全，通过精心挑选优质供应商和严格控制食品质量，为消费者带来安心、放心的购物体验。

为了打造一个视觉吸引力强、信息传递清晰的零食网店效果，吸引更多消费者购物，在设计前可对网店的各个部分进行构思。

● 店标设计。"邻食铺子"的目标消费群体多为小孩和女性，为了迎合该群体，在设计店标时，可以绘制一个小女孩吃零食的卡通形象作为店标，形成独特的标识性形象，在方便识别的同时，符合该群体的审美。

● 店招设计。"邻食铺子"店招主要体现品牌信息、热卖商品和关注信息，以吸引消费者，让人一眼就能记住该品牌。

● 轮播图片设计。轮播图片包括PC端和移动端两个部分，每个部分包括4类商品，分别是蛋黄酥、饼干、芒果干和面包。在设计时可采用与商品同色调的颜色作为主色，使整个色调更加统一，也可采用集中展示卖点和优惠信息的方式，刺激消费者的购买欲望。

● 主图设计。为面包制作5张主图。第1张主图主要展示卖点和优惠信息，可选择面包的包装和商品的实景展示作为背景。此外，还要添加面包的相关卖点，如"添加真牛油果泥""0反式脂肪酸"等关键卖点。同时，为了体现价格的优惠程度，还可以添加商品促销信息和价格信息。其余4张主图主要是实物展示，可以直接展示原料、装盘效果、细节特写等商品信息。

● 主图视频制作。为面包制作主图视频，体现面包的材料选择和制作过程，提升消费者的好感度。

● 详情页设计。为腰果制作详情页，详细展示腰果的信息，包括卖点展示、详细参数、商品特点和商品优势等信息。

↘ 3.1.2　设计店标

"邻食铺子"店标为小女孩吃零食的卡通形象，可以使用钢笔工具绘制，整体效果要美观且体现童趣，然后添加店铺名称，便于识别。具体操作如下。

扫一扫

设计店标

步骤 01　启动Photoshop，按【Ctrl+N】组合键，打开"新建"对话框，设置名称、宽度、高度、分辨率和背景内容分别为"店标""120像素""120像素""72像素/英寸""白色"，单击 确定 按钮。

步骤 02　选择"椭圆工具"，在工具属性栏中设置填充颜色为"#e38118"，在图像编辑区上方单击并按住【Shift】键不放，绘制55像素×55像素的圆，用作店标底纹，如图3-1所示。

步骤 03 选择"椭圆工具"  ，在工具属性栏中设置填充颜色为"#f8e3d8"，描边颜色为"#020100"，描边粗细为"1 点"。在图像编辑区上方单击并按住【Shift】键不放，绘制38像素×26像素的椭圆，用作脸部，如图3-2所示。

步骤 04 选择"椭圆工具"  ，在工具属性栏中设置填充颜色为"#f8e3d8"，描边颜色为"#020100"，描边粗细为"0.8 点"，在椭圆左侧绘制8像素×8像素的圆。再次选择"椭圆工具"  ，在工具属性栏中设置填充颜色为"#e6bda7"，在左侧圆中绘制3像素×4像素的椭圆，完成一侧耳朵的绘制，如图3-3所示。

步骤 05 按住【Shift】键不放，依次选择左侧的圆和椭圆，按住【Alt】键不放向右拖动复制选择的圆和椭圆。然后将脸部所在图层拖动到图层顶部，完善耳朵，如图3-4所示。

图3-1 绘制圆　　图3-2 绘制脸部　　图3-3 绘制一侧耳朵　　图3-4 完善耳朵

步骤 06 选择"椭圆工具"  ，在工具属性栏中设置填充颜色为"#020100"，在脸部左侧绘制9像素×9像素的圆。再次选择"椭圆工具"  ，在工具属性栏中设置填充颜色为"#f8e3d8"，在圆的右侧绘制8.5像素×8.5像素的圆，形成眼皮部分，如图3-5所示。

步骤 07 选择"椭圆工具"  ，在工具属性栏中设置填充颜色为"#020100"，在眼皮的下方绘制6.8像素×6.8像素的圆，然后在圆中绘制2个填充颜色为"#ffffff"的圆，完成眼球部分的绘制，如图3-6所示。

步骤 08 设置前景色为"#030100"，新建图层，选择"钢笔工具"  ，在眼睛左上角绘制睫毛形状的路径，按【Ctrl+Enter】组合键将路径转换为选区，然后按【Alt+Delete】组合键填充前景色，如图3-7所示。

步骤 09 选择整个眼睛图形，按住【Alt】键不放向右拖动复制眼睛，按【Ctrl+T】组合键使其呈自由变换状态，在其上右击，在弹出的快捷菜单中选择"水平翻转"命令，调整眼睛的位置，如图3-8所示。

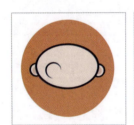

图3-5 绘制眼皮部分　　图3-6 绘制眼球部分　　图3-7 绘制睫毛部分　　图3-8 调整眼睛的位置

步骤 10 选择"椭圆工具"  ，在工具属性栏中设置填充颜色为"#f2aeb5"，在眼睛下方绘制2

个4.5像素×1.5像素的圆，使其形成腮红效果，如图3-9所示。

步骤 11　选择"椭圆工具" ◯ ，在腮红之间绘制2个叠加的圆，修改圆的颜色使其形成嘴巴效果。新建图层，选择"钢笔工具" ◯ ，在嘴巴的上方绘制舌头形状，并填充颜色"#ad0416"，效果如图3-10所示。

步骤 12　新建图层，选择"钢笔工具" ◯ ，绘制头发部分，并填充"#030100"颜色，效果如图3-11所示。

步骤 13　新建图层，选择"钢笔工具" ◯ ，在头发上方绘制糖果部分，并填充"#ad0416"颜色，效果如图3-12所示。

图3-9　绘制腮红　　　图3-10　绘制舌头部分　　　图3-11　绘制头发部分　　　图3-12　绘制糖果部分

步骤 14　选择"钢笔工具" ◯ ，在工具属性栏中设置工具模式为"形状"，填充颜色为"#ffffff"，描边颜色为"#020100"，描边粗细为"0.7点"，绘制身体部分，效果如图3-13所示。

步骤 15　选择"钢笔工具" ◯ ，在工具属性栏中设置工具模式为"形状"，填充颜色为"#d6db88"，描边颜色为"#020100"，描边粗细为"0.5点"，绘制零食袋。继续使用"钢笔工具" ◯ 在零食袋中绘制几条线段，使零食袋具有立体感，并设置线段的颜色为"#88482e"，然后使用"椭圆工具" ◯ 在零食袋中绘制填充颜色为"#ffffff"的椭圆，效果如图3-14所示。

步骤 16　选择"钢笔工具" ◯ ，在工具属性栏中设置工具模式为"形状"，填充颜色为"#f5e4da"，描边颜色为"#020100"，描边粗细为"0.5点"，绘制手臂和颈部，效果如图3-15所示。

步骤 17　再次选择"钢笔工具" ◯ ，在工具属性栏中设置工具模式为"形状"，填充颜色为"#accf13"，绘制树叶部分，效果如图3-16所示。完成整个人物形象的绘制。

图3-13　绘制身体部分　　　图3-14　绘制零食袋部分　　　图3-15　绘制手臂和颈部　　　图3-16　绘制树叶部分

步骤 18　选择"横排文字工具" Ｔ ，在工具属性栏中设置字体为"方正泰山金刚经隶书 简体"，文字颜色为"#4d3007"，输入"邻""食""铺子"文字，调整文字的大小和位置，效果如

图3-17所示。再在"食"的右侧输入"lin shi pu zi"，调整文字的大小和位置，效果如图3-18所示。

步骤 19 为了便于后续使用，可新建大小为"120像素×120像素"的图像文件，然后将绘制的图像和文字拖动到新建的文件中。缩小绘制的人物图像，将其放置到图像编辑区左侧，然后将文字放置到人物图像右侧，调整两者的大小，效果如图3-19所示。按【Shift+Ctrl+S】组合键，打开"存储为"对话框，将文件存储为PNG格式。

图3-17 输入中文文字　　　　图3-18 输入拼音　　　　　图3-19 制作另一种店标版式

↘ 3.1.3 设计店招

制作"邻食铺子"店铺店招时，可先添加店标，再重点绘制"点击关注"按钮，最后添加热卖商品图片并输入热卖商品信息。具体操作如下。

步骤 01 按【Ctrl+N】组合键，打开"新建"对话框，设置名称、宽度、高度、分辨率和背景内容分别为"店招""950像素""120像素""72像素/英寸""白色"，单击　　确定　　按钮。

步骤 02 设置前景色为"#fbf5ac"，按【Alt+Delete】组合键填充前景色。打开"店标1.png"图像文件，将其拖动到店招左侧，然后调整大小和位置，效果如图3-20所示。

步骤 03 选择"圆角矩形工具"，绘制大小为100像素×25像素、填充颜色为"#f3002e"的圆角矩形，效果如图3-21所示。

扫一扫

设计店招

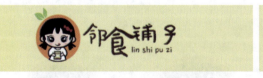
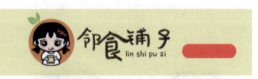

图3-20 添加店标　　　　　　　　图3-21 绘制圆角矩形

步骤 04 选择"横排文字工具"，在"字符"面板中设置字体、字号、文字颜色分别为"方正韵动粗黑简体""17点""#ffffff"，在圆角矩形内输入"点击关注"文字，效果如图3-22所示。

步骤 05 选择"椭圆工具"，在工具属性栏中设置填充颜色为"#e38118"，描边颜色为"#ffffff"，描边粗细为"3点"，在店标右侧绘制大小为100像素×100像素的圆，并将描边类型设置为第二个选项，效果如图3-23所示。

图3-22 输入"点击关注"文字   图3-23 绘制圆

步骤 06 选择圆并按住【Alt】键不放，向右拖动复制出1个相同大小的圆，并设置填充颜色为"#ced86c"，效果如图3-24所示。

步骤 07 打开"店招1.png""店招2.png"素材文件，将其中的素材分别拖动到两个圆的左侧，调整各素材的位置和大小，效果如图3-25所示。

图3-24 复制圆   图3-25 添加素材

步骤 08 选择"横排文字工具" T ，在工具属性栏中设置字体为"方正韵动粗黑简体"，字号为"25点"，在对应的圆中分别输入图3-26所示的内容，完成店招的制作。将文件存储为JPG格式。

图3-26 完成后的效果

↘ 3.1.4 设计轮播图片

本小节分别介绍为"邻食铺子"中的蛋黄酥、饼干、芒果干、面包等商品设计PC端和移动端的轮播图片。

1. 设计蛋黄酥轮播图片

设计PC端蛋黄酥轮播图片时，主要体现商品卖点，如"层层起酥 奶香扑鼻""小时光de一口酥香"等。移动端蛋黄酥轮播图片可在PC端蛋黄酥轮播图片的基础上添加与蛋黄酥食材相关的素材，提升美观度。具体操作如下。

扫一扫

设计蛋黄酥轮播图片

步骤 01 制作PC端蛋黄酥轮播图片。新建大小为"950像素×250像素"、背景内容为"白色"、名称为"PC端蛋黄酥轮播图片"的图像文件。

步骤 02 设置前景色为"#f9a12f"，按【Alt+Delete】组合键填充前景色。打开"蛋黄酥.png""麦条.png"图像文件，将其拖动到轮播图片中，调整大小和位置，效果如图3-27所示。

步骤 03 选择"钢笔工具" ，在工具属性栏中设置工具模式为"形状"，设置填充颜色为"#f88a02"，绘制文字底部投影，效果如图3-28所示。

图3-27 添加素材

图3-28 绘制文字底部投影

步骤 04 双击"形状 1"图层右侧的空白区域，打开"图层样式"对话框，单击选中"内阴影"复选框，设置颜色为"#ed8c0e"，角度为"-58度"，距离为"5像素"，大小为"13像素"，如图3-29所示。

步骤 05 单击选中"渐变叠加"复选框，设置不透明度为"16%"，角度为"99度"，缩放为"60%"，单击 确定 按钮，如图3-30所示。

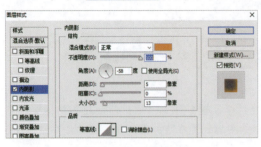

图3-29 设置内阴影参数

图3-30 设置渐变叠加参数

步骤 06 选择"形状 1"图层，按【Ctrl+J】组合键复制图层。选择复制后的形状，将填充颜色修改为"#f6dcb9"。双击该图层右侧的空白区域，打开"图层样式"对话框，取消选中"内阴影"复选框，然后单击选中"投影"复选框，设置不透明度为"32%"，角度为"120度"，距离为"7像素"，大小为"8像素"，单击 确定 按钮，如图3-31所示。

步骤 07 选择"形状 1 副本"图层，按【Ctrl+J】组合键复制图层。选择复制后的形状，将填充颜色修改为"#f58f15"。双击该图层右侧的空白区域，打开"图层样式"对话框，取消选中"投影"复选框，然后单击选中"描边"复选框，设置大小为"2像素"，位置为"外部"，颜色为"#f9a12f"，单击 确定 按钮，如图3-32所示。

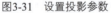

图3-31 设置投影参数

图3-32 设置描边参数

步骤 08 新建图层，选择"画笔工具" ，设置前景色为"#fdd24a"。在工具属性栏中设置画笔大小为"80像素"，画笔样式为"柔边圆"，然后在所绘制形状的外侧和中间拖动绘制具有明暗对比度的高光效果，设置图层混合模式为"滤色"，效果如图3-33所示。

步骤 09 选择高光效果所在图层，按【Ctrl+Alt+G】组合键，创建剪贴蒙版。选择"横排文字工具" ⊤，在工具属性栏中设置字体为"方正韵动粗黑简体"，文字颜色为"#f9a12f"。在形状内输入"小时光de"文字，调整文字大小和位置。单击"创建文字变形"按钮 ⊥，打开"变形文字"对话框，在"样式"下拉列表中选择"扇形"选项，设置弯曲为"+8%"，水平扭曲为"−2%"，单击 确定 按钮，如图3-34所示。

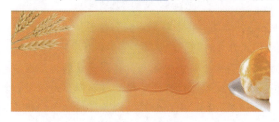
图3-33 高光效果

图3-34 输入并变形文字

步骤 10 双击文字所在图层右侧的空白区域，打开"图层样式"对话框，单击选中"描边"复选框，设置大小为"2像素"，位置为"外部"，颜色为"#f7801e"，如图3-35所示。

步骤 11 单击选中"渐变叠加"复选框，设置不透明度为"6%"，角度为"99度"，缩放为"60%"。单击选中"投影"复选框，设置混合模式为"叠加"，不透明度为"50%"，角度为"120度"，距离为"7像素"，大小为"8像素"，单击 确定 按钮，如图3-36所示。

图3-35 设置描边参数

图3-36 设置投影参数

步骤 12 选择"横排文字工具" ⊤，在工具属性栏中设置字体为"方正韵动粗黑简体"，文字颜色为"#f9a12f"。在"小时光de"文字下方输入"一口酥香"文字，调整文字大小和位置。单击"创建文字变形"按钮 ⊥，打开"变形文字"对话框，在"样式"下拉列表中选择"扇形"选项，设置弯曲为"+15%"，单击 确定 按钮。选择"小时光de"图层，在其上右击，在弹出的快捷菜单中选择"拷贝图层样式"命令，然后在"一口酥香"图层上右击，在弹出的快捷菜单中选择"粘贴图层样式"命令，粘贴图层样式的效果如图3-37所示。

步骤 13 依次选择"小时光de"图层和"一口酥香"图层，在其上分别按【Ctrl+J】组合键复制图层，修改文字颜色为"#ffffff"。分别双击复制后文字图层右侧的空白区域，打开"图层样式"对话框，取消选中"渐变叠加"复选框、"投影"复选框，单击 确定 按钮，然后移动文字使其形成文字叠加效果，如图3-38所示。

图3-37 粘贴图层样式的效果　　　　　　　　　图3-38 文字叠加效果

步骤 14 打开"气球.png""牛奶1.png""光线.png"文件，将素材拖动到轮播图片中，调整大小和位置。选择"光线"所在图层，设置图层混合模式为"滤色"，效果如图3-39所示。

步骤 15 新建图层，选择"钢笔工具" ，在文字的下方绘制装饰图形，将形状转换为选区。选择"渐变工具"，单击"点击可编辑渐变"按钮，打开"渐变编辑器"对话框，设置渐变颜色为"#ffde95"～"#ffecc1"～"#ffdd92"～"#ffecc3"～"#ffd986"，单击 确定 按钮。从左向右拖动，添加渐变颜色，然后取消选区，效果如图3-40所示。

图3-39 添加素材　　　　　　　　　　　　　图3-40 绘制装饰图形

步骤 16 选择"横排文字工具"，在工具属性栏中设置字体为"思源黑体 CN"，文字颜色为"#753214"，在形状内输入"层层起酥 奶香扑鼻"文字，调整文字大小和位置。单击"创建文字变形"按钮，打开"变形文字"对话框，在"样式"下拉列表中选择"扇形"选项，设置弯曲为"+15%"，单击 确定 按钮，效果如图3-41所示。保存PC端蛋黄酥轮播图片，将文件存储为JPG格式。

图3-41 PC端蛋黄酥轮播图片效果

步骤 17 制作移动端蛋黄酥轮播图片。新建名称、宽度、高度和分辨率分别为"移动端蛋黄酥轮播图片""1200像素""600像素""72像素/英寸"的图像文件。

步骤 18 设置前景色为"#f9a12f"，按【Alt+Delete】组合键填充前景色。打开"PC端蛋黄酥轮播图片.psd"图像文件，将其中的图像效果拖动到"移动端蛋黄酥轮播图片"中，重新调整各个素材的大小和位置，使布局更加合理，效果如图3-42所示。

步骤 19 打开"牛奶2.png""云朵1.png""云朵2.png"文件，将素材拖动到海报中，调整大小和位置，效果如图3-43所示。保存移动端蛋黄酥轮播图片，将文件存储为JPG格式。

图3-42　添加并调整素材　　　　　　　图3-43　移动端蛋黄酥轮播图片效果

2. 设计饼干轮播图片

设计PC端饼干轮播图片时，可直接以"味美"为主题，搭配饼干素材和卖点"层层味美，酥软香甜"等，直观地体现商品卖点。而设计移动端饼干轮播图片时，可在PC端饼干轮播图片的基础上修改文字，使其符合移动端的特点。具体操作如下。

扫一扫

设计饼干轮播图片

步骤 01 制作PC端饼干轮播图片。新建大小为"950像素×250像素"、背景内容为"白色"、名称为"PC端饼干轮播图片"的图像文件。

步骤 02 新建图层，设置前景色为"#1b1915"，按【Alt+Delete】组合键填充前景色，效果如图3-44所示。

步骤 03 打开"木纹.png"素材文件，将其拖动到图像中并调整大小和位置，并设置图层混合模式为"叠加"，效果如图3-45所示。

图3-44　填充前景色　　　　　　　　　图3-45　添加木纹素材

步骤 04 打开"饼干.png"素材文件，将其拖动到图像中并调整大小和位置，效果如图3-46所示。

步骤 05 使用"横排文字工具" T. 在图像左侧输入文字"味""美"，设置字体为"方正字迹-刘毅硬笔行书简体"，字号为"200点"，颜色为"#ffffff"，调整文字大小和位置，效果如图3-47所示。

步骤 06 打开"祥云.png"素材文件，将其拖动到图像中并调整大小和位置，效果如图3-48所示。

步骤 07 选择"直排文字工具" ↓T，在图像左侧输入图3-49所示的文字，并设置字体为"思源黑体CN"，调整文字大小、位置和颜色。

图3-46 添加素材

图3-47 文字"味""美"效果

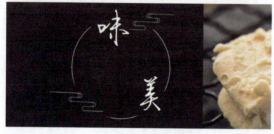

图3-48 添加祥云素材

图3-49 输入其他文字

步骤 08 选择"椭圆工具" ⭕，在"扁桃仁"文字上绘制3个34.5像素×34.5像素的圆，并设置描边粗细为"2.4点"，效果如图3-50所示。保存PC端饼干轮播图片，将文件存储为JPG格式。

图3-50 PC端饼干轮播图片效果

步骤 09 制作移动端饼干轮播图片。新建名称、宽度、高度和分辨率分别为"移动端饼干轮播图片""1200像素""600像素""72像素/英寸"的图像文件。

步骤 10 新建图层，设置前景色为"#1b1915"，按【Alt+Delete】组合键填充前景色。添加"木纹.png""饼干.png"素材文件，将其拖动到图像中并调整大小和位置，并设置"木纹"图层的图层混合模式为"叠加"，效果如图3-51所示。

步骤 11 选择"饼干"图层，单击"添加图层蒙版"按钮 ▣，设置前景色为"#000000"。选择"画笔工具" ✏，在工具属性栏中设置画笔大小为"400像素"，画笔样式为"柔边圆"，在饼干素材的左侧涂抹，使素材与背景融合，效果如图3-52所示。

图3-51 添加素材

图3-52 素材与背景融合效果

步骤 12　选择"横排文字工具" T，输入图3-53所示的文字，设置字体为"思源黑体CN"，调整文字大小和位置。

步骤 13　选择"圆角矩形工具" □，设置填充颜色为"#e60012"，在文字下方绘制半径为"30像素"、大小为"230像素×53像素"的圆角矩形，效果如图3-54所示。

图3-53　输入文字　　　　　　　　　　　　　　图3-54　绘制圆角矩形

步骤 14　选择"横排文字工具" T，输入图3-55所示的文字，设置字体为"方正兰亭黑简体"，调整文字大小和位置。

步骤 15　选择"自定形状工具" ⟨⟩，在工具属性栏中设置填充颜色为"#ffffff"，在"形状"下拉列表中选择"箭头6"选项，在"立即购买"文字右侧绘制选择的形状，效果如图3-56所示。保存移动端饼干轮播图片，将文件存储为JPG格式。

图3-55　输入其他文字　　　　　　　　　　　　图3-56　添加自定义形状

3. 设计芒果干轮播图片

本例提供的芒果干具有质地柔软、口感酸甜的特点，在设计PC端和移动端轮播图片时，可将这些特点体现出来。由于素材宽度较小，因此可采用左文右图或左图右文的排版方式，起到聚拢与修饰文字的作用。具体操作如下。

扫一扫

设计芒果干轮播图片

步骤 01　制作PC端芒果干轮播图片。新建大小为"950像素×250像素"、背景内容为"白色"、名称为"PC端芒果干轮播图片"的图像文件。

步骤 02　设置前景色为"#fcecba"，按【Alt+Delete】组合键填充前景色。添加"芒果1.png""芒果2.png"图像文件到轮播图片中，调整图像大小和位置，效果如图3-57所示。

步骤 03　选择"横排文字工具" T，输入"FRUIT"文字，设置字体为"方正喵呜体"，文字颜色为"#3b7218"，调整文字大小和位置，效果如图3-58所示。

图3-57　添加素材　　　　　　　　　　　　　　　　图3-58　输入文字

步骤 04　选择"横排文字工具" T ，输入"新鲜芒果干"文字，设置字体为"方正喵呜体"。设置"新"文字颜色为"#3b7218"，"鲜"文字颜色为"#ea541a"，"芒果干"文字颜色为"#ed6f18"，分别调整文字大小和位置，效果如图3-59所示。

步骤 05　选择"矩形工具" □ ，在文字下方绘制230像素×30像素的矩形，设置填充颜色为"#e72d2d"，描边颜色为"#ffffff"，描边粗细为"3像素"，效果如图3-60所示。

图3-59　修改文字颜色　　　　　　　　　　　　　　图3-60　绘制矩形

步骤 06　选择"椭圆工具" ○ ，在工具属性栏中设置填充颜色为"#e72d2d"，在矩形的下方绘制5个大小为"25像素×25像素"的圆，效果如图3-61所示。

步骤 07　选择"横排文字工具" T ，输入文字，设置字体为"思源黑体 CN"，调整文字大小和位置，效果如图3-62所示。保存PC端芒果干轮播图片，将文件存储为JPG格式。

图3-61　绘制圆　　　　　　　　　　　　　　　　　图3-62　输入文字

步骤 08　制作移动端芒果干轮播图片。新建名称、宽度、高度和分辨率分别为"移动端芒果干轮播图片""1200像素""600像素""72像素/英寸"的图像文件。

步骤 09　设置前景色为"#fadb6a"，按【Alt+Delete】组合键填充前景色。使用"矩形工具" □ 在图像的右侧绘制950像素×920像素的矩形，设置填充颜色为"#ffffff"，按【Ctrl+T】组合键使矩形呈自由变换状态，然后拖动右上角的调整点旋转矩形，并移动到图像右上角，效果如图3-63所示。

步骤 10　选择"矩形工具" □ ，在矩形上方绘制5个500像素×25像素的矩形，设置填充颜色为"#fadb6a"。按【Ctrl+T】组合键使矩形呈自由变换状态，然后拖动右上角的调整点旋转矩形，并移动到图像右上角，按【Ctrl+Alt+G】组合键创建剪贴蒙版，效果如图3-64所示。

图3-63　绘制形状

图3-64　绘制矩形并创建剪贴蒙版

步骤 11　添加"书页.png""芒果3.png"图像文件到轮播图片中，调整图像大小和位置，然后旋转芒果图片，效果如图3-65所示。

步骤 12　选择"椭圆工具"，在工具属性栏中设置填充颜色为"#f5f8ff"，在矩形下方绘制460像素×460像素的圆。双击圆所在图层右侧的空白区域，打开"图层样式"对话框，单击选中"投影"复选框，设置不透明度为"49%"，角度为"120度"，距离为"14像素"，大小为"3像素"，单击 确定 按钮，如图3-66所示。

图3-65　添加素材

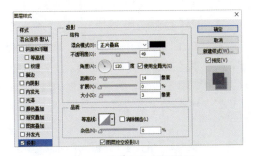

图3-66　为圆添加投影效果

步骤 13　选择"横排文字工具"，输入文字，设置字体为"方正白舟大髭115简"。设置"新""FRUIT"文字颜色为"#3b7218"，"鲜"文字颜色为"#ea541a"，"芒果干"文字颜色为"#ed6f18"，分别调整文字大小和位置，效果如图3-67所示。

步骤 14　选择"矩形工具"，在文字下方绘制270像素×30像素的矩形，设置填充颜色为"#e72d2d"。选择"椭圆工具"，在矩形下方绘制5个大小为"30像素×30像素"的圆，选择"横排文字工具"，输入文字，设置字体为"方正粗圆简体"，调整文字大小和位置，效果如图3-68所示。

图3-67　输入文字

图3-68　绘制形状并输入文字

步骤 15　选择"横排文字工具" T ，输入"HOT"文字，设置字体为"方正白舟大髭115简"，调整文字大小、位置和颜色。新建图层，选择"钢笔工具" ，在文字下方绘制图3-69所示的装饰图形，并填充"#e72d2d"颜色。

步骤 16　选择"钢笔工具" ，在工具属性栏中设置工具模式为"形状"，填充颜色为"#3b7218"，绘制树叶形状，效果如图3-70所示。保存移动端芒果干轮播图片，将文件存储为JPG格式。

图3-69　输入文字并绘制装饰图形　　　　图3-70　绘制树叶形状

4. 设计面包轮播图片

设计PC端面包轮播图片时，可先合成背景，然后在左侧空白处排版文字，文字颜色搭配素材中的色彩，使页面色彩清新自然、简洁、美观。设计移动端面包轮播图片时，为了与提供的移动端轮播图片素材相符，可选择较浅的色彩，并配合文字进行展示，使效果简洁美观，便于消费者浏览。具体操作如下。

扫一扫

设计面包轮播图片

步骤 01　制作PC端面包轮播图片。新建大小为"950像素×250像素"、背景内容为"白色"、名称为"PC端面包轮播图片"的图像文件。

步骤 02　设置前景色为"#cae6c4"，按【Alt+Delete】组合键填充前景色。添加"面包.png"图像文件到轮播图片中，调整图像大小和位置，效果如图3-71所示。

步骤 03　选择"钢笔工具" ，在工具属性栏中设置工具模式为"形状"，设置填充颜色为"#ffffff"，沿着桌子的左侧绘制桌布的延伸形状，效果如图3-72所示。

图3-71　添加素材　　　　　　　　图3-72　绘制形状

步骤 04　选择"横排文字工具" T ，输入文字，设置字体为"方正汉真广标简体"。设置"添加真牛油果泥"文字颜色为"#ffffff"，其他文字颜色为"#487338"，调整文字大小、位置，效果如图3-73所示。

步骤 05　选择"矩形工具" ，在"添加"文字下方绘制80像素×5像素的矩形，并设置填充颜色为"#487338"，效果如图3-74所示。

图3-73 输入文字

图3-74 绘制矩形

步骤 06 打开"光线.png"文件,将素材拖动到轮播图片中,调整大小和位置。选择"光线"所在图层,设置图层混合模式为"滤色",并使用"橡皮擦工具"擦除光线多余的部分,效果如图3-75所示。保存PC端面包轮播图片,将文件存储为JPG格式。

图3-75 PC端面包轮播图片效果

步骤 07 制作移动端面包轮播图片。新建名称、宽度、高度和分辨率分别为"移动端面包轮播图片""1200像素""600像素""72像素/英寸"的图像文件。

步骤 08 设置前景色为"#f3f0f1",按【Alt+Delete】组合键填充前景色。添加"面包1.png"图像文件到轮播图片中,调整图像大小和位置,效果如图3-76所示。

步骤 09 选择"面包1"所在图层,单击"添加图层蒙版"按钮,设置前景色为"#000000"。选择"画笔工具",在工具属性栏中设置画笔大小为"400像素",画笔样式为"柔边圆",在面包素材右侧涂抹,使素材与背景融合,效果如图3-77所示。

图3-76 添加素材

图3-77 添加图层蒙版

步骤 10 选择"矩形工具",绘制570像素×440像素的矩形,设置描边粗细为"7点",描边颜色为"#487338"。选择"横排文字工具",输入"去掉边边 只要柔软"文字,设置字体为"方正兰亭中黑简体",设置文字颜色为"#ffffff",调整文字大小、位置,并单击"仿斜体"按钮,使文字倾斜显示,效果如图3-78所示。

步骤 11 双击文字所在图层右侧的空白区域,打开"图层样式"对话框,单击选中"描边"复选框,设置大小为"6像素",位置为"外部",颜色为"#487338",单击确定按钮,如

图3-79所示。

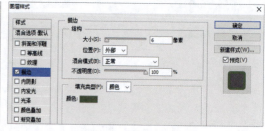

图3-78　绘制矩形边框并输入文字　　　　　图3-79　设置描边参数

步骤 12　选择"横排文字工具" **T**，输入"牛油果面包"文字，设置字体为"方正综艺简体"。设置"牛油果"文字的颜色为"#f0eb43"，"面包"文字的颜色为"#487338"，调整文字大小、位置，并单击"仿斜体"按钮 **T**，使文字倾斜显示。最终效果如图3-80所示。

步骤 13　选择"矩形工具" **□**，在文字下方绘制356像素×60像素的矩形，并设置填充颜色为"#487338"，在矩形左侧绘制190像素×43像素的矩形，并设置填充颜色为"#ffffff"。选择"横排文字工具" **T**，输入其他文字，设置字体为"方正兰亭中黑简体"，调整文字大小、位置和颜色，然后选择"牛油果泥 果真清爽果然绿"文字，将字体修改为"方正兰亭纤黑简体"，效果如图3-81所示。保存移动端面包轮播图片，将文件存储为JPG格式。

图3-80　输入"牛油果面包"文字　　　　　图3-81　输入其他文字

↘ 3.1.5　设计主图

制作第1张面包主图时，可在中间区域放置商品图片，上、下方放置文字介绍，其中下方文字介绍主要通过矩形展示优惠信息。其余4张面包主图直接在实拍图的基础上添加店标。具体操作如下。

步骤 01　制作第1张面包主图。新建名称、宽度、高度分别为"面包主图""800像素""800像素"的图像文件。

步骤 02　打开"面包2.png"图像文件，将其拖动到新建的文件中，调整图像位置。选择矩形工具 **□**，在主图上绘制800像素×800像素的矩形，设置描边颜色为"#67a450"，描边粗细为"15点"。再在主图的下方绘制800像素×100像素的矩形，设置填充颜色为"#67a450"，效果如图3-82所示。

步骤 03　添加PC端店标到左上角，选择"圆角矩形工具" **□**，设置填充颜色为"#67a450"，在文字下方绘制2个半径为"30像素"、大小为"280像素×50像素"的圆角矩形。选择"横排文字工具" T ，输入商品描述文字，设置字体为"方正兰亭中黑简体"，调整文字大小、位置和颜色，效果如图3-83所示。

步骤 04 选择"自定形状工具" ，在工具属性栏中设置填充颜色为"#ffffff"，在"形状"下拉列表中选择"选中复选框"选项，在圆角矩形文字左侧绘制选择的形状，效果如图3-84所示。

图3-82 添加素材并绘制矩形

图3-83 绘制圆角矩形并输入文字

图3-84 绘制复选框形状

步骤 05 选择"圆角矩形工具" ，设置填充颜色为"#fef3d9"，在文字左下方绘制半径为"50像素"、大小为"265像素×130像素"的圆角矩形。双击下方圆角矩形图层右侧的空白区域，打开"图层样式"对话框，单击选中"投影"复选框，设置颜色为"#2b6b13"，不透明度为"63%"，角度为"120度"，距离为"28像素"，大小为"70像素"，单击 确定 按钮，效果如图3-85所示。

步骤 06 选择"横排文字工具" T ，输入促销文字，设置字体为"方正兰亭中黑简体"，调整文字大小、位置和颜色，完成第1张主图的制作，效果如图3-86所示，并存储为JPG格式。

步骤 07 制作其他面包主图。新建名称、宽度、高度分别为"面包主图2""800像素""800像素"的图像文件。打开"面包3.png"图像文件，将其拖动到当前文件中，调整图像位置与大小。选择"横排文字工具" T ，输入商品描述文字，设置字体为"方正兰亭中黑简体"，调整文字大小、位置和颜色，在左上角添加PC端店标，效果如图3-87所示，完成第2张主图的制作。

图3-85 绘制圆角矩形并添加投影

图3-86 第1张主图效果

图3-87 制作第2张主图

步骤 08 使用相同的方法，制作"面包主图3""面包主图4""面包主图5"图像文件，效果如图3-88所示。

图3-88　制作其他主图

↘ 3.1.6　制作主图视频

　　设计面包主图视频时，可以先对提供的视频素材进行裁剪，然后添加与面包相关的说明文字，以帮助消费者更快了解商品信息。具体操作如下。

制作主图视频

步骤 01　打开剪映视频剪辑软件，在界面上方单击"开始创作"按钮 ＋，打开剪映视频剪辑界面。

步骤 02　在左上角单击"导入"按钮 ＋，打开"请选择媒体资源"对话框。选择"麦子.mov""揉搓.mp4""面粉.mp4""成品.mp4"素材文件，单击 打开(O) 按钮，界面左上角显示了导入的视频。将视频拖动到时间轴上，如图3-89所示，方便编辑视频。

步骤 03　在"项目时间轴"面板中将时间指针拖动至"00:00:04:00"位置，单击"分割"按钮 ，将视频分割为2段，如图3-90所示。

<table>
<tr><td>图3-89　添加视频</td><td>图3-90　分割视频</td></tr>
</table>

步骤 04　在"项目时间轴"面板中将时间指针拖动至"00:00:28:00"位置，按【Ctrl+B】组合键分割视频，依次在"00:00:38:00""00:00:48:22""00:00:52:02""00:01:33:24"位置分割视频，如图3-91所示。

步骤 05　选择第2段视频片段，单击"删除"按钮 ，删除选择的视频，也可按【Delete】键删除，如图3-92所示。

步骤 06　选择第4段、第5段、第7段、第8段视频片段，单击"删除"按钮 ，删除选择的视频，如图3-93所示。

图3-91 分割其他视频   图3-92 删除第2段视频

步骤 07 在"项目时间轴"面板中将时间指针拖动至"00:00:04:00"位置,单击"文本"选项卡,在左侧列表中选择"文字模板"选项,如图3-94所示,选择文字模板,单击 ⬇ 按钮下载文字模板,然后单击 ➕ 按钮。

步骤 08 在右侧的"文字"面板中输入"高筋小麦粉麦香叠奶香"文字,向下滑动,在"位置大小"栏中设置缩放为"60%",如图3-95所示。

图3-93 删除多余视频   图3-94 选择文字模板   图3-95 输入文字并设置缩放

步骤 09 在展示区域中拖动文字框到右上角,将时间指针拖动至"00:00:10:03"位置,使用与前面相同的方法在左上角输入"反复揉搓 松软味美",如图3-96所示。

步骤 10 在操作界面右侧单击 导出 按钮,打开"导出"对话框,填写作品名称,这里设置标题为"面包主图视频",如图3-97所示。选择导出位置后,单击 导出 按钮完成导出操作,导出完成后,打开保存视频的文件夹可查看保存的视频,完成后的视频效果如图3-98所示。

图3-96 调整文字位置并输入其他文字   图3-97 设置标题

图3-98 查看完成后的视频效果

↘ 3.1.7 设计详情页

腰果属于日常生活中的一种常见零食，其颜色一般为焦黄色，因此设计腰果详情页时可采用黄色为主色调，并按照详情页的一般结构，分别制作腰果焦点图、详细参数、品质图、商品特点和商品优势等板块。具体操作如下。

扫一扫

设计详情页

步骤 01　新建一个名称为"腰果详情页"，尺寸为"750像素×3716像素"，分辨率为"72像素/英寸"的文件。使用"矩形工具" ▣ 在图像编辑区顶部绘制填充颜色为"#f2f1f7"、大小为"750像素×740像素"的矩形。

步骤 02　新建"焦点图"图层组，置入"腰果1.jpg"图像文件，调整大小和位置，使其底部与绘制的矩形底部对齐。创建图层蒙版，选择"画笔工具" ▨，设置前景色为"#000000"，在腰果图像顶部涂抹，使其与绘制的矩形融合得更加自然。

步骤 03　打开"详情页.txt"文本文件，选择"直排文字工具" ⅠT，设置字体为"思源黑体 CN"，大小为"21点"，文字颜色为"#945715"，在腰果图像上方输入文本文件中的焦点图文案内容。

步骤 04　打开"字符"面板，修改拼音文字的字体为"思源宋体"，"果仁香醇""美味经典"文字的颜色为"#ffffff"，然后调整所有文字的字体大小和位置，效果如图3-99所示。

步骤 05　选择"矩形工具" ▣，在"果仁香醇""美味经典"文字下方绘制填充颜色为"#945715"的矩形。

步骤 06　新建"焦点图"图层组，打开"详情页装饰素材"文件夹，将"焦点图"文件夹中的素材添加到图层组中，调整图层大小和位置，并设置"高光"图层的混合模式为"滤色"。复制"高光"图层，调整图像的大小和位置，效果如图3-100所示。

步骤 07　选择"树叶"图层，选择"模糊工具" ◖，在工具属性栏中的"画笔"下拉列表中选择"硬边圆"样式，设置大小为"99像素"，强度为"70%"，在树叶图像上涂抹。完成焦点图的制作，效果如图3-101所示。

图3-99　调整文字

图3-100　添加装饰

图3-101　焦点图效果

步骤 08　新建"商品参数"图层组，将"线框.png"图像文件添加到"移动端腰果详情页"文件中，调整图像的大小和位置。为其添加"颜色叠加"图层样式，设置颜色为"#945715"，其他设置保持默认，效果如图3-102所示。

步骤 09　选择"横排文字工具" Ⅰ，设置字体为"思源黑体 CN"，文字颜色为"#e37126"，在线框图像中输入"详情页.txt"文本文件中的商品参数内容，调整文字大小和位置。依次选中标题文字，在"字符"面板上单击"仿粗体"按钮**T**，加粗文字，效果如图3-103所示。

品名	腰果	产地	海南
净含量	1500g	保质期	12个月
贮藏方法	阴凉干燥处密封保存	生产日期	见实际包装

图3-102 添加线框 图3-103 商品参数图像

步骤 10 新建"品质图"图层组，选择"横排文字工具"**T**，设置字体为"思源黑体 CN"，文字颜色为"#945715"，输入"详情页.txt"文本文件中的"商品品质"内容，调整文字的大小和位置，并加粗标题文字，效果如图3-104所示。

步骤 11 依次选中正文文字，在"字符"面板上调整文字颜色为"#000000"。选择"甄选优质果实"文字图层，为其添加"渐变叠加"图层样式，设置渐变颜色为"#743b10"～"#c47519"，单击选中"反向"复选框，设置角度为"90度"。

步骤 12 选择"直线工具"**/**，取消填充，设置描边颜色为"#985d1d"，描边粗细为"1.2点"，在最下方文字的下方绘制一条虚线。使用"钢笔工具"**⌀**绘制图3-105所示的形状，将其填充为"#eaeaea"颜色。置入"腰果2.jpg"图像文件，调整大小和位置，将其图层移动至形状图层上方，然后创建剪贴蒙版。完成商品品质图的制作，效果如图3-106所示。

图3-104 加粗文字 图3-105 绘制剪贴蒙版形状 图3-106 品质图效果

步骤 13 新建"特点1"图层组，使用"圆角矩形工具"**□**绘制一大一小2个圆角矩形，设置填充颜色为"#d26c07"，半径为"20像素"。复制较大的圆角矩形，并调整位置，效果如图3-107所示。

步骤 14 选择"横排文字工具"**T**，设置字体为"思源黑体 CN"，文字颜色为"#000000"，在图像中输入"详情页.txt"文本文件中的"特点1"内容，调整文字的大小。

步骤 15 选中标题文字，在"字符"面板上单击"仿粗体"按钮**T**，修改文字颜色为"#ffffff"，字距为"25"。选择"润净爽口"文字，修改文字颜色为"#945715"。选择"口感爽口/软硬适中/原味十足/好吃停不下来"文字，单击"仿斜体"按钮**T**，修改文字颜色为"#535252"，效果如图3-108所示。

步骤 16 依次置入"腰果3.jpg""腰果4.jpg"图像文件，调整大小和位置，使其图层移动至两个较大圆角矩形图层的上方，然后依次创建剪贴蒙版，效果如图3-109所示。

图3-107 绘制圆角矩形　　　　　　图3-108 调整文字　　　　　　图3-109 特点图1效果

步骤 17　新建"特点2"图层组，使用"椭圆工具" ○绘制填充颜色为"#945715"的圆，然后选择"横排文字工具" T，设置字体为"思源黑体 CN"，文字颜色为"#945715"，输入"详情页.txt"文本文件中的"特点2"内容。复制2次绘制的圆和文字图层，调整位置和大小，按照"特点2"内容修改文字内容。

步骤 18　使用"矩形工具" □在文字右侧绘制填充颜色为"#945715"的矩形，置入"腰果（主图）3.jpg"图像文件，调整大小和位置，并将其图层放置在矩形上方，创建剪贴蒙版，效果如图3-110所示。

步骤 19　新建"组1"图层组，使用"椭圆工具" ○绘制一个填充颜色为"#945715"的圆。使用"横排文字工具" T在形状下方输入"粒大"文字，单击"仿粗体"按钮 T。置入"腰果5.jpg"图像文件，调整图像的大小和位置，然后将其图层放置在圆形上方，创建剪贴蒙版。

步骤 20　复制2次"组1"图层组，将文字内容依次修改为"皮薄""饱满"，删除复制后的腰果图像，并置入"腰果（主图）.jpg""腰果6.jpg"图像文件，分别创建剪贴蒙版，效果如图3-111所示。

图3-110 创建剪贴蒙版　　　　　　　图3-111 特点图2效果

步骤 21　新建"优势图"图层组，将"详情页装饰"文件夹中的"优势装饰"文件夹中的图像添加到"移动端腰果详情页"文件中，调整图像的大小和位置。

步骤 22　使用"椭圆工具" ○在右侧绘制一个大圆。置入"腰果7.jpg"图像文件，调整图像位置和大小，使其所在图层位于大圆上方，创建剪贴蒙版，效果如图3-112所示。

步骤 23　选择"横排文字工具"**T**，设置字体为"思源黑体 CN"，文字颜色为"#945715"，在大圆上方输入"详情页.txt"文本文件中的"优势"内容。调整文字大小和位置。

步骤 24　在大圆左下方创建段落文字，输入"腰果可生食，也可制作各种美味点心。既是休闲的美味，也是送礼佳品。"文字，打开"段落"面板，单击"最后一行左对齐"按钮**▣**，完成详情页的制作。优势图效果如图3-113所示。

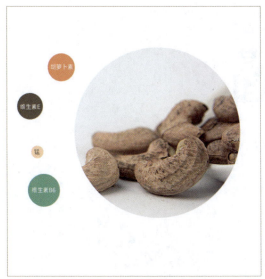

图3-112　创建剪贴蒙版　　　　　　　图3-113　优势图效果

↘ 3.1.8　举一反三

1. 制作PC端蔓越莓饼干轮播图片

本练习将为"邻食铺子"网店中的蔓越莓饼干制作PC端轮播图片，要求效果美观。在制作时，先制作轮播图片背景，再添加蔓越莓饼干图像，然后在图像左侧输入文字内容，效果如图3-114所示。

图3-114　PC端蔓越莓饼干轮播图片效果

2. 制作移动端果仁夹心酥饼轮播图片

本练习将为果仁夹心酥饼制作移动端轮播图片。在制作时可先使用矩形工具将轮播图片分割为2个板块，在左侧添加果仁夹心酥饼图像，在右侧输入商品信息，效果如图3-115所示。

图3-115 移动端果仁夹心酥饼轮播图片效果

3. 制作腰果主图

本练习将制作腰果主图，在制作时先制作主图背景，再输入文字内容，并对文字进行编辑，效果如图3-116所示。

图3-116 腰果主图效果

任务2　生鲜食品类网店设计

生鲜食品是指未经烹调、制作等深加工过程，只做必要的保鲜和简单整理上架而出售的初级类产品的统称，如水果、蔬菜、肉品、水产等。下面将以"珍鲜"生鲜网店为例，具体讲解生鲜食品类网店中店标、店招、轮播图片、主图、主图视频、详情页的设计方法。

3.2.1　网店背景与设计思路

"珍鲜"是一家集采购、加工、销售农产品于一体的企业，其店铺的农产品主要来自大山采摘和农民养殖，种类包括水果、蔬菜、海鲜水产、肉禽蛋类、米面粮油等。为加快企业品牌化升级，助力乡村产业振兴，"珍鲜"生鲜店铺准备设计店铺的店标、店招、轮播图片、主图、主图视频、详情页，以提升网店形象。设计前，需要梳理制作思路，以便有条不紊地进行设计。

● 店标设计。"珍鲜"农产品丰富，致力于给消费者带来满意的农产品，给消费者一种家的温馨感觉。因此，设计店标时，可以添加与房屋有关的元素，塑造一个全心全意为消费者服务和带来家的安全与温馨感的形象。

● 店招设计。"珍鲜"店招主要体现品牌信息、上新商品、热卖商品和优惠信息，以吸引消费者。

● 轮播图片设计。轮播图片包括PC端和移动端两个部分，每个部分包括4类商品，分别是海参、枇杷、大米、蔬菜，在设计时可采用各种绿色调进行拼合，凸显店铺的定位。也可以采用与商品同色调的颜色进行设计，使整个色调更加统一。除此之外，还可以通过卖点文字与商品图片表达主题，同时对优惠信息进行集中展现以体现优惠内容。

● 主图设计。为千禧果制作主图，共包括5张主图。第1张主图要有代入感，可选择千禧果的使用场景作为背景，此外，还要体现千禧果的"营养丰富""坏果包赔""原产地直发"等关键卖点。同时，为了体现价格的优惠，还可以添加商品促销信息和价格信息。其余4张主图主要是实物展示，可以直接展示千禧果的装盘、果树、剖面特写图。

● 主图视频制作。为千禧果制作主图视频，体现千禧果的品质和卖点。

● 详情页设计。为千禧果制作详情页，详细展示千禧果的信息，包括卖点展示、实拍图、产地、口味、发货方式等信息。

↘ 3.2.2　设计店标

"珍鲜"店标的房屋元素，可以使用钢笔工具和矩形工具绘制，颜色填充为绿色，体现农产品的天然、新鲜，然后添加店铺名称，便于识别。具体操作如下。

步骤 01　新建大小为"120像素×120像素"、背景内容为"白色"、名称为"珍鲜店标"的图像文件。

步骤 02　新建图层，选择"钢笔工具"，在工具属性栏中设置工具模式为"路径"，绘制屋檐路径，按【Ctrl+Enter】组合键将路径转换为选区，并填充"#034012"颜色，效果如图3-117所示。

步骤 03　选择"矩形工具"，设置填充颜色为"#034012"，分别绘制8像素×44像素、8像素×60像素的矩形，效果如图3-118所示。

步骤 04　选择"横排文字工具"，设置字体为"方正汉真广标简体"，颜色为"#06b02e"，输入"珍鲜"文字，调整文字大小和位置，店标效果如图3-119所示，然后将文件存储为PNG格式。为了便于在不同背景上使用，还可针对不同场景对店标颜色进行替换，效果如图3-120所示。

图3-117　绘制屋檐　　图3-118　绘制矩形　　图3-119　店标效果　　图3-120　替换颜色的店标

↳ 3.2.3 设计店招

在制作"珍鲜"店铺店招时，可先添加店标，然后输入店铺名称，最后添加新品和热卖商品图片并输入热卖商品信息。具体操作如下。

步骤 01 新建大小为"950像素×120像素"、背景内容为"白色"、名称为"珍鲜店招"的图像文件。

步骤 02 打开"珍鲜店标.png"图像文件，将其拖动到店招左侧，然后调整大小和位置。选择"直线工具" ✏，在工具属性栏中设置填充颜色为"#034012"，在店标右侧绘制5像素×76像素的竖线。选择"横排文字工具" T，设置字体为"方正鲁迅行书 简"，颜色为"#24373d"，输入"珍鲜生鲜店"文字，调整文字的大小和位置。

步骤 03 选择"圆角矩形工具" ▢，设置半径为"30像素"，填充颜色为"#ff0000"，绘制70像素×26像素的圆角矩形。选择"横排文字工具" T，设置字体为"方正粗圆简体"，颜色为"#ffffff"，输入"关注"文字，调整文字的大小和位置，效果如图3-121所示。

步骤 04 打开"海参.psd""草莓.png"素材文件，将海参和草莓图片拖动到店招右侧，调整大小和位置；选择"横排文字工具" T，设置字体为"思源黑体 CN"，颜色为"#24373d"，输入图3-122所示的文字，调整大小和位置。

图3-121 输入并调整文字　　　　　　　　　图3-122 添加素材并输入文字

步骤 05 选择"圆角矩形工具" ▢，设置半径为"30像素"，填充颜色为"#24373d"，绘制两个90像素×20像素的圆角矩形。选择"横排文字工具" T，设置字体为"思源黑体 CN"，颜色为"#ffffff"，输入"点击查看"文字，调整文字的大小和位置，店招效果如图3-123所示。

图3-123 店招效果

↳ 3.2.4 设计轮播图片

"珍鲜"店铺需要分别为海参、枇杷、大米、蔬菜等商品设计PC端和移动端轮播图片。

1. 设计海参轮播图片

"珍鲜"店铺中的海参具有新鲜、味美的特点，在制作PC端和移动端轮播图片时，可以"美味、鲜嫩"为主题，搭配绿色，以体现天然性，然后通过文字体现主题内容。具体操作如下。

步骤 01　制作PC端海参轮播图片。新建大小为"950像素×250像素"、背景内容为"白色"、名称为"PC端海参轮播图片"的图像文件。

步骤 02　选择"矩形工具" ，设置填充颜色为"#069e2c"，绘制950像素×250像素的矩形，然后在矩形左侧绘制填充颜色为"#07bb34"、大小为"100像素×250像素"的矩形；打开"海参.psd""树叶.psd"素材文件，将海参和树叶图片拖动到矩形右侧，调整大小和位置。效果如图3-124所示。

步骤 03　选择"横排文字工具" ，设置文字颜色为"#ffffff"，输入文字，设置"美味生鲜"的字体为"汉仪琥珀体简"，其他字体为"思源黑体 CN"，然后调整字体大小和位置，效果如图3-125所示。

图3-124　绘制矩形并添加素材　　　　　　图3-125　输入并调整文字

步骤 04　选择"圆角矩形工具" ，设置半径为"30像素"，填充颜色为"#ffffff"，在文字下方绘制120像素×25像素的圆角矩形，然后在圆角矩形的左右两边分别绘制3像素×25像素的圆角矩形。选择"横排文字工具" ，设置字体为"思源黑体 CN"，文字颜色为"#069e2c"，在中间的圆角矩形内输入"<进入专场>"文字，效果如图3-126所示。完成PC端海参轮播图片的制作。将文件存储为JPG格式。

图3-126　PC端海参轮播图片效果

步骤 05　制作移动端海参轮播图片。新建大小为"1200像素×600像素"、背景内容为"白色"、名称为"移动端海参轮播图片"的图像文件。

步骤 06　将"PC端海参轮播图片.psd"图像文件中的所有内容拖动到移动端文件中，调整大小和位置，使其符合当前尺寸。然后选择背景矩形和左侧的矩形，调整矩形的高度，使其符合背景尺寸。复制左侧的矩形和树叶到右侧，调整大小和位置，然后对树叶进行翻转操作并移动到合适的位置。布局效果如图3-127所示。

步骤 07　选择"矩形工具"▭，在矩形的下方绘制填充颜色为"#6fd889"、大小为"1200像素×100像素"的矩形。新建图层，选择"钢笔工具"✐，在工具属性栏中设置工具模式为"路径"，绘制草丛路径，按【Ctrl+Enter】组合键将路径转换为选区。选择"渐变工具"▭，设置渐变颜色为"#63d780"～"#09c538"，采用线性渐变的方式为路径填充渐变颜色。使用相同的方法在右侧绘制路径并填充渐变颜色，完成移动端海参轮播图片的制作。效果如图3-128所示。将文件存储为JPG格式。

图3-127　布局效果　　　　　　　　图3-128　移动端海参轮播图片效果

2. 设计枇杷轮播图片

设计枇杷的PC端和移动端轮播图片时，为了让色调更加统一，在背景色调选择上以黄色为主色，然后搭配枇杷图片和说明文字，让整个轮播图片更有识别性。具体操作如下。

步骤 01　制作PC端枇杷轮播图片。新建大小为"950像素×250像素"、背景内容为"白色"、名称为"PC端枇杷轮播图片"的图像文件。

步骤 02　设置前景色为"#dac863"，按【Alt+Delete】组合键填充前景。新建图层，选择"渐变工具"▭，设置渐变颜色为"透明"～"#ffffff"～"透明"，采用线性渐变的方式为图像编辑区填充渐变颜色，然后设置该图层不透明度为"80%"。

步骤 03　添加"枇杷.png""印章.png""树叶.png"素材文件到图像文件中，调整图像大小和位置，效果如图3-129所示。

图3-129　添加并调整素材

步骤 04　选择"横排文字工具"T，输入文字，设置"大五星枇杷"的字体为"方正字迹-时光手书 简"，其他字体为"思源黑体 CN"，然后调整文字大小、位置和颜色，完成PC端枇杷轮播图片的制作，效果如图3-130所示。

图3-130　PC端枇杷轮播图片效果

步骤 05　制作移动端枇杷轮播图片。新建大小为"1200像素×600像素"、背景内容为"白色"、名称为"移动端枇杷轮播图片"的图像文件。

步骤 06　使用步骤02和步骤03的操作方法制作移动端枇杷轮播图片背景。新建图层，选择"钢笔工具" ，在工具属性栏中设置工具模式为"路径"，绘制"枇杷熟啦！"路径，并填充"#ff7922"颜色。在绘制过程中可先输入该文字，然后参考输入的文字绘制路径，并在文字上方绘制高光部分，效果如图3-131所示。

步骤 07　新建图层，选择"钢笔工具" ，在工具属性栏中设置工具模式为"路径"，绘制带弧度的圆角矩形路径，并填充"#ff7922"颜色。选择"横排文字工具" ，设置文字颜色为"#ffffff"，输入"买5斤送5斤"文字，设置字体为"思源黑体 CN"，调整文字大小和位置，然后旋转文字，完成移动端枇杷轮播图片的制作。效果如图3-132所示。将文件存储为JPG格式。

<table>
<tr><td align="center">图3-131　输入文字并绘制高光</td><td align="center">图3-132　移动端枇杷轮播图片效果</td></tr>
</table>

3. 设计大米轮播图片

　　马坝油粘米作为国家地理标志产品，近年逐渐被更多人熟知，近期"珍鲜"店铺准备上架该商品并需要制作该商品的PC端和移动端轮播图片。在设计时可直接运用提供的背景，然后再输入说明性文字。具体操作如下。

扫一扫

设计大米轮播图片

步骤 01　制作PC端大米轮播图片。新建名称、宽度、高度和分辨率分别为"PC端大米轮播图片""950像素""250像素""72像素/英寸"的图像文件。

步骤 02　打开"大米背景1.jpg""印章.png"素材文件，将素材拖动到图像上方，调整大小和位置。选择"横排文字工具" ，输入"马坝米""原乡"文字，设置字体为"方正字迹-黄登荣行楷简"，调整文字的大小和位置。选择"直排文字工具" ，输入其他文字，并设置字体为"思源黑体 CN"，调整文字的大小和位置，完成PC端大米轮播图片的制作。效果如图3-133所示。将文件存储为JPG格式。

图3-133　PC端大米轮播图片效果

步骤 03 　制作移动端大米轮播图片。新建名称、宽度、高度和分辨率分别为"移动端大米轮播图片""1200像素""600像素""72像素/英寸"的图像文件。

步骤 04 　打开"大米背景2.jpg"素材文件，将素材拖动到图像上方，调整大小和位置。选择"横排文字工具" ，输入"秋来吃米"文字，设置字体为"汉仪尚巍手书 W"，调整文字的大小和位置。在"秋来吃"下方输入其他文字，设置字体为"思源黑体 CN"，文字颜色为"#d5992b"，调整文字的大小和位置，效果如图3-134所示。

步骤 05 　使用"椭圆工具" 在文字下方绘制3个颜色为"#d4992c"、大小为"100像素×100像素"的圆。选择"横排文字工具" ，在3个圆内分别输入"马""坝""米"文字，设置字体为"华文行楷"，调整文字的大小和位置，完成移动端大米轮播图片的制作。效果如图3-135所示。将文件存储为JPG格式。

图3-134　添加背景并输入文字

图3-135　移动端大米轮播图片效果

4. 设计蔬菜轮播图片

　　蔬菜也是"珍鲜"店铺中的热销商品，下面将针对胡萝卜进行蔬菜轮播图片的设计。在设计时可采用白色和绿色混搭的方式，体现蔬菜的绿色、自然，然后添加蔬菜图片和说明性文字。具体操作如下。

扫一扫

设计蔬菜轮播图片

步骤 01 　制作PC端蔬菜轮播图片。新建名称、宽度、高度和分辨率分别为"PC端蔬菜轮播图片""950像素""250像素""72像素/英寸"的图像文件。

步骤 02 　选择"矩形工具" ，绘制填充颜色为"#2ead3b"、大小为"7像素×200像素"的2个矩形，然后旋转矩形，并移动到图像左侧。再在图像右侧绘制25像素×250像素的矩形。打开"胡萝卜素材.jpg"素材文件，将素材拖动到图像上方，调整大小和位置。

步骤 03 　选择"横排文字工具" ，输入文字，设置字体为"思源黑体 CN"，调整文字的大小和位置，并在"点击进入"文字下方绘制填充颜色为"#2ead3b"、大小为"130像素×30像素"的矩形，完成PC端蔬菜轮播图片的制作。效果如图3-136所示。将文件存储为JPG格式。

图3-136　PC端蔬菜轮播图片效果

步骤 04　制作移动端蔬菜轮播图片。新建名称、宽度、高度和分辨率分别为"移动端蔬菜轮播图片""1200像素""600像素""72像素/英寸"的图像文件。

步骤 05　选择"矩形工具"，绘制填充颜色为"#6eb92c"、大小为"35像素×370像素"的矩形，然后旋转矩形，并移动到图像左上角。使用相同的方法在该矩形右侧绘制填充颜色为"#add38c"的矩形。

步骤 06　选择"椭圆工具"，在图像右侧绘制填充颜色为"#6eb92c"、大小为"480像素×480像素"的圆，效果如图3-137所示。

步骤 07　打开"胡萝卜素材2.png"素材文件，将素材分别拖动到圆的上方和左侧，调整大小和位置。选择"横排文字工具"，输入文字，设置字体为"思源黑体 CN"，调整文字的大小、位置和颜色。修改"水果胡萝卜"的字体为"汉仪橄榄体简"，并在"2件8折 3件7折"文字下方绘制填充颜色为"#2ead3b"、大小为"260像素×45像素"的圆角矩形，完成移动端蔬菜轮播图片的制作。效果如图3-138所示。将文件存储为JPG格式。

图3-137　绘制圆

图3-138　移动端蔬菜轮播图片效果

3.2.5　设计主图

千禧果具有酸甜多汁、营养丰富等特点，在设计时可将这些卖点呈现在主图中，除此之外，还可以添加商品促销信息和价格信息，提升商品吸引力。在设计时可采用上下构图，在画面上方输入商品信息，在画面下方输入优惠信息，便于消费者查看。具体操作如下。

扫一扫

设计主图

步骤 01　新建名称、宽度、高度分别为"千禧果主图""800像素""800像素"的图像文件。

步骤 02　打开"千禧果.jpg"素材文件，将其拖动到"千禧果主图"文件中，调整大小和位置，效果如图3-139所示。

步骤 03　选择"圆角矩形工具" ⬚ ，绘制颜色为"#ffffff"、半径为"30像素"、大小为"436像素×60像素"的圆角矩形。选择"横排文字工具" Ｔ ，在工具属性栏中设置字体为"思源黑体CN"，颜色为"#24373d"，然后输入"酸甜多汁 营养丰富"文字，调整文字的大小和位置。选择"矩形工具" ▢ ，设置填充颜色为"#bc060e"，在图像下方绘制大小为"800像素×100像素"的矩形，效果如图3-140所示。

步骤 04　新建图层，选择"钢笔工具" ✍ ，在矩形的上方绘制图3-141所示的形状，并填充"#ffffff"颜色。

图3-139　添加素材

图3-140　绘制形状并输入文字

图3-141　绘制形状

步骤 05　选择"圆角矩形工具" ⬚ ，设置填充颜色为"#5e0509"，半径为"30像素"，在图像右下角绘制295像素×150像素的圆角矩形；选择"横排文字工具" Ｔ ，设置字体为"方正粗黑宋简体"，颜色为"#ffffff"，输入图3-142所示的文字，调整文字的大小，然后修改"原产地直发坏果包赔"文字的颜色为"#24373d"。

步骤 06　双击"下单立减10元"图层右侧的空白位置，打开"图层样式"对话框，单击选中"投影"复选框，保持默认设置不变，单击 确定 按钮，完成第1张主图的制作，效果如图3-143所示。

步骤 07　制作千禧果其他主图。新建名称、宽度、高度分别为"千禧果主图2""800像素""800像素"的图像文件。打开"千禧果主图1.png"图像文件，将其拖动到当前文件中，调整图像位置与大小，在画面左上角根据背景图片的颜色添加白色的PC端店标，完成第2张主图的制作，效果如图3-144所示。

图3-142　绘制圆角矩形并输入文字

图3-143　第1张主图效果

图3-144　制作第2张主图

步骤 08 使用相同的方法，制作"千禧果主图3""千禧果主图4""千禧果主图5"图像文件，效果如图3-145所示。

图3-145　制作其他主图

↘ 3.2.6　制作主图视频

千禧果主图视频主要体现千禧果的品质。在制作前需要查看并分析提供的素材，对视频素材进行分割，删除多余视频片段，然后添加说明性文字，从而完整、流畅地展示千禧果的卖点和制作场景。具体操作如下。

制作主图视频

步骤 01 打开剪映视频剪辑界面，在左上角单击"导入"按钮 ，打开"请选择媒体资源"对话框。选择"1.mp4"～"3.mp4"素材文件，单击 打开(O) 按钮，界面左上角显示了导入的视频。将视频拖动到时间轴上，方便进行视频编辑。

步骤 02 在"项目时间轴"面板中将时间指针分别拖动至"00:00:02:23""00:00:09:12""00:00:12:18""00:00:23:16""00:00:48:22""00:01:05:16"位置，按【Ctrl+B】组合键分割视频，如图3-146所示。

步骤 03 按住【Ctrl】键不放，依次选择第2段、第4段、第7段、第9段视频片段，按【Delete】键删除，如图3-147所示。

图3-146　分割视频

图3-147　删除视频片段

步骤 04 选择第1个视频片段，在界面右上角单击"变速"选项卡，在"时长"栏中设置时长为"2.0s"，完成后按【Enter】键。选择第2个视频片段，设置时长为"2.0s"；选择第3个视频片段，设置时长为"8.0s"；选择最后一个视频片段，设置时长为"5.0s"，如图3-148所示。

步骤 05 将时间指针移动到视频片头，在左上角单击"音频"选项卡，在下方的列表中选择"纯音乐"右侧的第2个选项，单击其下方的 按钮，下载音频，然后单击 按钮，将音频添加到轨道中，如图3-149所示。

图3-148　设置视频片段变速　　　　　　　　　图3-149　添加音频

步骤 06 在"项目时间轴"面板中将时间指针拖动至"00:00:31:19"位置，按【Ctrl+B】组合键分割音频，如图3-150所示。选择第2段音频，按【Delete】键删除。

步骤 07 在"项目时间轴"面板中将时间指针拖动至视频片头位置，单击"文本"选项卡，在左侧列表中选择"秋日"选项，在右侧列表中单击"换季衣橱更新！"文字模板，单击按钮，下载文字模板，单击按钮，将文字模板添加到轨道中，如图3-151所示。

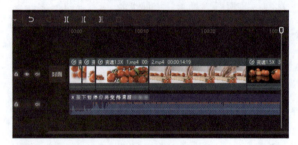

图3-150　分割音频　　　　　　　　　　　　图3-151　添加文字模板

步骤 08 在右侧的"文本"面板中的第1段文本框中输入"新鲜自然"文字，第2段文本框中输入"NEW"文字，设置缩放为"70%"，单击 保存预设 按钮，如图3-152所示。

步骤 09 在时间轴上选择添加的文字，将鼠标指针移动到文字右侧，当鼠标指针呈 状态时，向左拖动调整文字的持续时间，这里将时间调整到"00:00:04:00"位置，如图3-153所示，然后在预览画面中调整文字位置到左上角。

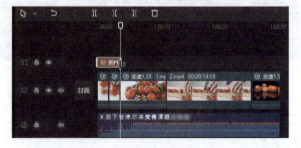

图3-152　单击"保存预设"按钮　　　　　　　图3-153　调整文字的持续时间

步骤 10 将时间指针拖动至"00:00:12:00"位置，单击"文本"选项卡，在左侧列表中选择"字幕"选项，在右侧列表中选择第7个文字模板，单击按钮，下载文字模板，在右侧的"文本"面板中的文字框中输入"酸甜多汁 营养丰富"文字，并将文字调整到预览画面左上角，如图3-154所示。

步骤 11 使用相同的方法，在"00:00:26:19"位置，插入与步骤10相同的文字模板，输入"新鲜味美"文字，调整文字在时间轴上的位置。最终效果如图3-155所示。

图3-154　添加并调整文字　　　　　　　图3-155　输入并调整其他文字

步骤 12 在操作界面右侧单击 导出 按钮，打开"导出"对话框，填写作品名称，选择导出位置后，单击 导出 按钮完成导出操作。导出完成后，打开保存视频的文件夹可查看保存的视频，完成后的视频效果如图3-156所示。

图3-156　完成后的视频效果

3.2.7　设计详情页

"珍鲜"生鲜店铺最近的主推商品是千禧果，需要按照详情页的一般结构，分别制作千禧果的焦点图、卖点说明图、实拍图、售后说明图等。具体操作如下。

步骤 01 新建大小为"750像素×7300像素"、分辨率为"72像素/英寸"、名为"'珍鲜'商品详情页"的文件。

步骤 02 打开"千禧果背景.png"素材文件，如图3-157所示，将素材拖动到详情页顶部，调整大小和位置。

步骤 03 选择"圆角矩形工具" ，绘制填充颜色为"#a69f9f"、大小为"282像素×79像素"的圆角矩形。按【Ctrl+J】组合键复制圆角矩形，并修改圆角矩形的填充颜色为"#ffffff"，然后调整两个圆角矩形的位置，使其形成立体效果，效果如图3-158所示。

步骤 04　选择"横排文字工具" T ，在工具属性栏中设置字体为"方正兰亭特黑简体"，输入"香甜千禧果"文字，并调整文字的大小，然后输入其他文字，设置字体为"方正兰亭黑简体"，调整文字的位置、大小和颜色，效果如图3-159所示。

步骤 05　使用相同的方法输入"立即尝鲜"文字，调整文字的大小、位置和颜色，效果如图3-160所示。

图3-157　制作背景　　图3-158　绘制圆角矩形　　图3-159　输入并调整文字　　图3-160　输入并调整其他文字

步骤 06　打开"商品1.png"～"商品3.png"素材文件，将其中的千禧果素材拖动到详情页中，调整大小和位置，效果如图3-161所示。

步骤 07　选择"矩形工具" ▢ ，设置填充颜色为"#ff8601"，分别绘制220像素×280像素、750像素×150像素的矩形；然后绘制750像素×150像素的矩形，设置填充颜色为"#71a425"。效果如图3-162所示。

步骤 08　选择"横排文字工具" T ，在工具属性栏中设置字体为"方正正大黑简体"，输入"商品介绍""产地直销""现摘现发"文字。然后设置字体为"方正兰亭黑简体"，输入其他文字，调整文字的大小、位置和颜色，并使用"直线工具" ╱ 在文字的中间区域绘制竖线，效果如图3-163所示。

步骤 09　打开"商品4.png""商品5.png"素材文件，将其中的千禧果素材拖动到详情页中，调整大小和位置。选择"横排文字工具" T ，设置字体为"方正兰亭黑简体"，文字颜色为"#f30000"，输入"鲜果实拍"文字，调整大小和位置。双击该文字图层右侧的空白区域，打开"图层样式"对话框，单击选中"渐变叠加"复选框，设置渐变颜色为"#ff7252"～"#c30000"；单击选中"投影"复选框，设置颜色为"#cd0101"，距离为"3像素"，单击 确定 按钮，在文字下方输入"——LIVE SHOW——"，调整大小和位置。效果如图3-164所示。

步骤 10　选择"矩形工具" ▢ ，设置填充颜色为"#ff8601"，在第1张图片下方绘制大小为"750像素×150像素"的矩形。再在第2张图片的底部绘制750像素×150像素的矩形，设置填充颜色为"#71a425"，效果如图3-165所示。

步骤 11　使用与上一步相同的方法，绘制2个258像素×161像素的矩形，并设置不透明度为"60%"，然后调整矩形的位置、大小和颜色，效果如图3-166所示。

步骤 12　选择"横排文字工具" T ，在工具属性栏中设置字体为"方正正纤黑简体"，然后输入"香""甜"文字，调整文字的大小和位置。输入其他文字，设置字体为"方正兰亭黑简体"，调整大小和位置，效果如图3-167所示。

图3-161　添加并调整素材　　图3-162　绘制矩形1　　图3-163　绘制竖线　　图3-164　添加并调整素材

步骤 13　打开"商品6.png""商品7.png"素材文件，将其中的千禧果素材拖动到"珍鲜"商品详情页中，调整大小和位置，完成后保存文件，效果如图3-168所示。

图3-165　绘制矩形2　　图3-166　绘制其他矩形　　图3-167　输入、调整文字　　图3-168　添加其他内容

↘ 3.2.8　举一反三

1. 制作移动端草莓轮播图片

本练习将为草莓制作移动端轮播图片。在制作时，先添加背景并在背景中输入文字，设置文字的颜色，然后添加素材，效果如图3-169所示。

图3-169　移动端草莓轮播图片效果

2. 制作胡萝卜主图

本练习将制作胡萝卜主图，主图共有5张，第1张主图主要对卖点进行展现，如现挖、脆甜可口等，起到吸引消费者注意的作用；其他4张为商品展示图片，主要用于展示商品品质和商品的不同状态。效果如图3-170所示。

图3-170　胡萝卜主图效果

3. 制作草莓主图视频

本练习将制作草莓主图视频，根据提供的视频素材，分割视频，并删除多余视频片段；添加店铺名称，起到宣传店铺的作用；并在结尾添加文字。草莓主图视频效果如图3-171所示。

图3-171　草莓主图视频效果

04

项目4
办公用品类、数码配件类
和电器类网店设计

　　办公用品类、数码配件类和电器类商品是生活中常用的商品类目。设计办公用品类网店时，需要根据不同办公用品的功能进行设计，其背景颜色可直接沿用商品主色，使整个页面效果更加统一。设计数码配件类网店时，需要着重体现数码配件的功能、卖点。而设计电器类网店，除了需要表达商品的功能等信息外，还要体现电器的品质。

素养目标

- 培养创意思维，提升创意能力
- 勤奋好学，不断学习新的设计理念和技术，提升个人的设计能力

项目要点

- 办公用品类网店设计
- 数码配件类网店设计
- 电器类网店设计

任务1　办公用品类网店设计

办公用品主要是指办公用到的物品，如LED日历、办公椅、收纳盒、水彩笔、笔记本等，可以为日常工作提供方便，创造良好的工作环境。本案例将对"简洁"办公用品网店的店标、店招、轮播图片、主图、主图视频和详情页进行设计。

↘ 4.1.1　网店背景与设计思路

"简洁"是一家积极倡导环保理念，力求为消费者提供更加舒适、简洁和实用的办公用品的网店，其宗旨为"为广大办公人群提供更好的办公体验"，帮助消费者打造整洁、舒适的工作环境，提高工作效率和生活品质。该店主营的办公用品包括笔记本、笔、文件夹、文件柜等，随着店铺业务的升级，该店铺积极拓展出口业务，将高品质的办公用品推广到国际市场，为更多海外消费者提供优质的办公体验。

为了打造一个视觉吸引力强、信息传递清晰的办公用品网店，以吸引更多的消费者购物，在设计前可对网店的各个部分进行构思。

- 店标设计。"简洁"办公用品网店近期在积极拓展出口业务，可直接以"简洁"的拼音"jianjie"设计店标，直观地将网店名字展示给消费者，便于识别。为了提升设计感，还可对"a""i"等字母局部进行精心设计，如添加其他颜色，在其中绘制图形等。
- 店招设计。"简洁"店招主要体现品牌信息、口号、热卖商品和优惠信息，以吸引消费者，让人一眼就能记住该品牌。
- 轮播图片设计。轮播图片包括PC端和移动端两个部分，每个部分包括4类商品，分别是LED日历、办公椅、收纳盒、水彩笔。在设计时可采用对卖点和优惠信息集中展示的方式，刺激消费者购买，在色彩上除了可采用商品的颜色外，还可采用对比较为强烈的色彩作为背景，让整个轮播图片对比强烈。
- 主图设计。为笔记本制作主图，共包括5张主图。第1张主图为促销内容的展现，着重体现"金属线圈装订""牛皮纸50页"等卖点，其他4张主图则体现笔记本的平铺效果、颜色等信息。
- 主图视频制作。为笔记本制作主图视频，用于体现笔记本的材质和书写的方便，提升消费者的好感度。
- 详情页设计。为笔记本制作详情页，详细展示笔记本的信息，包括卖点展示、详细参数、商品实拍效果等信息。

↘ 4.1.2　设计店标

"简洁"店标的形象主要以拼音的方式展示，在设计时可先采用输入文字的方式输入"jianjie"，然后通过在文字中绘制圆的方式提升识别性。具体操作如下。

步骤 01　新建大小为"120像素×120像素"、背景内容为"白色"、名称为"简洁店标"的图像文件。

扫一扫

设计店标

步骤 02 选择"圆角矩形工具" ，在工具属性栏中设置填充颜色为"#004c98"，半径为"15像素"，绘制一个110像素×45像素的圆角矩形，效果如图4-1所示。

步骤 03 选择"横排文字工具" ，在工具属性栏中设置字体为"AvantGarde Bk BT"，颜色为"#ffffff"，大小为"26点"，然后在圆角矩形内输入"jianjie"文字，效果如图4-2所示。

步骤 04 选择"椭圆工具" ，在"a"文字的中间和"i"文字的顶部绘制颜色为"#ff0000"的圆，效果如图4-3所示。按【Shift+Ctrl+S】组合键，打开"存储为"对话框，将文件存储为PNG格式。

图4-1　绘制圆角矩形

图4-2　输入文字

图4-3　绘制圆

4.1.3　设计店招

在制作"简洁"店铺店招时，可先添加店标，并输入店铺名称，然后添加热卖商品图片并输入热卖商品信息，最后制作优惠内容。具体操作如下。

步骤 01 新建大小为"950像素×120像素"、背景内容为"白色"、名称为"简洁店招"的图像文件。

步骤 02 打开"简洁店标.png"图像文件，将其拖动到店招左侧，然后调整大小和位置。

步骤 03 选择"横排文字工具" ，在工具属性栏中设置字体为"方正黑变简体"，颜色为"#120101"，然后在简洁店标右侧输入文字，并旋转"JIAN JIE"文字方向，然后调整文字的大小和位置，效果如图4-4所示。

步骤 04 选择"椭圆工具" ，在"JIAN JIE"文字的上方绘制颜色为"#004c98"、大小为"10像素×10像素"的圆，效果如图4-5所示。

步骤 05 选择"直线工具" ，在工具属性栏中设置描边颜色为"#448aca"，描边宽度为"1像素"，然后在文字右侧绘制一条高为"80像素"的竖线，效果如图4-6所示。

图4-4　输入并调整文字

图4-5　绘制圆

图4-6　绘制竖线

步骤 06 选择"横排文字工具" ，在工具属性栏中设置字体为"方正鲁迅行书简"，颜色为"#120101"，大小为"40点"，然后在竖线右侧输入"浏览有好货！"文字，效果如图4-7所示。

步骤 07 打开"LED日历.png"素材文件，将素材拖动到文字右侧并调整大小和位置，效果如图4-8所示。

步骤 08 选择"横排文字工具" T ，在工具属性栏中设置字体为"方正粗圆简体"，颜色为"#004c98"，然后输入文字，并调整文字的大小和位置，以及修改"￥"和"5"文字的字体为"方正大黑简体"，效果如图4-9所示。

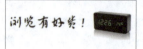

图4-7 输入"浏览有好货！"文字　　　图4-8 添加并调整素材　　　图4-9 输入并调整优惠信息文字

步骤 09 选择"圆角矩形工具" ，在工具属性栏的"填充"下拉列表中单击"渐变"按钮 ，设置渐变颜色为"#006dcc"～"#5fbb8c"，然后在"LED大屏更清晰"文字下方绘制110像素×22像素的圆角矩形，并在圆角矩形内输入"立即购买"文字，效果如图4-10所示。

步骤 10 双击"5"图层右侧的空白区域，打开"图层样式"对话框，单击选中"渐变叠加"复选框，设置渐变颜色为"#066cd0"～"#5fbb8c"，单击 确定 按钮，如图4-11所示。

图4-10 绘制圆角矩形并输入文字　　　　　　　图4-11 设置渐变叠加参数

步骤 11 选择"5"图层，在其上右击，在弹出的快捷菜单中选择"拷贝图层样式"命令，然后在"￥"图层上右击，在弹出的快捷菜单中选择"粘贴图层样式"命令，粘贴图层样式，效果如图4-12所示。完成店招的制作。将文件存储为JPG格式。

图4-12 粘贴图层样式

↘ 4.1.4 设计轮播图片

下面将分别为"简洁"办公用品店铺中的LED日历、办公椅、收纳盒、水彩笔等商品设计PC端和移动端轮播图片。

1. 设计LED日历轮播图片

本例中为LED日历进行PC端和移动端轮播图片设计，在进行PC端设计时，可采用左文右图的排版方式，对LED大屏显示、USB充电、木质数字闹钟的特点进行展示，其画面要简洁大方。而移动端的图片尺寸相对较大，可在PC端的基础上进行制作。具体操作如下。

步骤 01 制作PC端LED日历轮播图片。新建大小为"950像素×250像素"、背景内容为"白色"、名称为"PC端LED日历轮播图片"的图像文件。

步骤 02 添加"LED日历（4）.jpg"文件到新建的文件中，调整图像大小，移动到页面右侧；选择"矩形工具" ▢ ，在左侧绘制矩形，设置填充颜色为"#2baed8"。效果如图4-13所示。

步骤 03 选择"自定形状工具" ✿ ，在矩形上绘制"×"形状，设置填充颜色为"#ffffff"，设置图层不透明度为"9%"，效果如图4-14所示。

图4-13 添加素材并绘制矩形

图4-14 绘制"×"形状

步骤 04 选择"圆角矩形工具" ▢ ，在工具属性栏中设置半径为"50像素"，在左上角绘制180像素×33像素的圆角矩形，并设置填充颜色为"#ffffff"；选择"横排文字工具" T ，在圆角矩形内输入"2023年 新品上市"文字，设置字体为"方正兰亭中黑简体"，颜色为"#3eb5dc"，调整大小和位置。效果如图4-15所示。

步骤 05 选择"横排文字工具" T ，输入其他文字，设置字体为"方正兰亭中黑简体"，填充颜色为"#ffffff"，调整大小和位置；选择"USB充电""木质数字闹钟"文字，将字体修改为"方正兰亭纤黑_GBK"。效果如图4-16所示。

图4-15 绘制圆角矩形并输入文字

图4-16 输入并调整其他文字

步骤 06 选择"椭圆工具" ◯ ，在"立即购买>"文字左侧绘制62像素×62像素的圆，设置填充颜色为"#ffffff"。选择"横排文字工具" T ，在圆内输入"99元"文字，设置字体为"方正兰亭中黑简体"，颜色为"#2baed8"，调整大小和位置，效果如图4-17所示。完成PC端LED日历轮播图片制作，将文件存储为JPG格式。

图4-17 PC端LED日历轮播图片效果

步骤 07 制作移动端LED日历轮播图片。新建大小为"1200像素×600像素"、背景内容为"白色"、名称为"移动端LED日历轮播图片"的图像文件。

步骤 08 添加"LED日历（5）.jpg"文件到新建的文件中，调整图片大小、位置与角度；选择"橡皮擦工具" ，调整画笔不透明度和画笔大小，擦除左侧部分图像。效果如图4-18所示。

步骤 09 打开"PC端LED日历轮播图片.psd"图像文件，将其中的文字部分拖动到新建的文件中，重新调整文字的大小和位置，使布局更加合理，同时修改文字和圆角矩形颜色，效果如图4-19所示。完成移动端LED日历轮播图片的制作，将文件存储为JPG格式。

图4-18　添加素材并擦除多余部分　　　　　　图4-19　移动端LED日历轮播图片效果

2. 设计办公椅轮播图片

本次将对办公椅的PC端和移动端轮播图片进行设计，在PC端设计中，可搭配办公椅舒适、透气的特点进行轮播图片的制作。进行移动端设计时，可对内容进行重新布局，营造一种舒适办公的氛围。具体操作如下。

步骤 01 制作PC端办公椅轮播图片。新建大小为"950像素×250像素"、背景内容为"白色"、名称为"PC端办公椅轮播图片"的图像文件。

步骤 02 设置前景色为"#e2e4e9"，按【Alt+Delete】组合键填充前景色。选择"自定形状工具" ，在工具属性栏中设置填充颜色为"#ffffff"，在"形状"下拉列表中选择" "形状，在背景中绘制云朵形状装饰图像，效果如图4-20所示。

步骤 03 打开"办公椅1.jpg""办公椅2.jpg"图像文件，使用"魔棒工具" 为办公椅创建选区，使用"移动工具" 拖动选区到新建文件中，调整大小和位置，效果如图4-21所示。

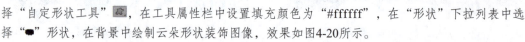

图4-20　绘制云朵形状　　　　　　　　图4-21　添加办公椅素材

步骤 04 在中间区域输入图4-22所示的文字，设置字体为"方正兰亭纤黑_GBK"，文字颜色为"#2c2d2c"，调整大小和位置。修改"119.00元""舒适·"文字的颜色为"#135468"，字体为"方正兰亭中黑简体"；并单击"下划线"按钮 ，为"119.00元"文字添加下划线效果。

步骤 05 选择"自定形状工具" ，在工具属性栏中设置填充颜色为"#135468"，在"形状"下拉列表中选择" "形状，在"119.00元"文字左侧绘制所选形状，用以装饰图像。完成PC端办公椅轮播图片的制作，效果如图4-22所示。将文件存储为JPG格式。

图4-22 PC端办公椅轮播图片效果

步骤 06 制作移动端办公椅轮播图片。新建名称、宽度、高度和分辨率分别为"移动端办公椅轮播图片""1200像素""600像素""72像素/英寸"的图像文件。

步骤 07 设置前景色为"#f1db2a",按【Alt+Delete】组合键填充前景色;分别添加"办公椅1.jpg""办公椅4.jpg"文件到新建文件的左右两侧,调整图像大小;将"办公椅1.jpg"图像所在图层的图层混合模式设置为"叠加"。效果如图4-23所示。

步骤 08 选择"矩形工具" ▢ ,在左上角绘制2个35像素×35像素的矩形,设置填充颜色为"#ffffff",不透明度分别为"50%""60%",使其形成叠加效果。

步骤 09 选择"横排文字工具" T ,在左侧输入图4-24所示的文字。设置第1排字体为"方正兰亭纤黑_GBK",第2排字体为"方正兰亭中黑简体",第3排字体为"方正兰亭纤黑_GBK",第4排字体为"方正兰亭中黑简体",第5排字体为"方正兰亭纤黑_GBK",调整文字大小、位置和颜色。选择第1排文字,在"字符"面板中单击"仿斜体"按钮 T 。完成移动端办公椅轮播图片的制作,效果如图4-24所示。将文件存储为JPG格式。

图4-23 添加素材并设置混合模式   图4-24 移动端办公椅轮播图片效果

3. 设计收纳盒轮播图片

提供的收纳盒材质为塑料,外观为仿藤编,颜色丰富,是办公桌上非常实用的收纳小工具。在设计收纳盒轮播图片时,可体现办公收纳、多层收纳的特点,在设计时可先制作背景,然后再添加素材和文字说明。具体操作如下。

步骤 01 制作PC端收纳盒轮播图片。新建大小为"950像素×250像素"、背景内容为"白色"、名称为"PC端收纳盒轮播图片"的图像文件。

步骤 02 设置前景色为"#ffffff"，按【Alt+Delete】组合键填充前景色。选择"矩形工具" ▢，在左侧绘制3个110像素×250像素的矩形，分别设置填充颜色为"#eae9e9""#87c149""#5dbdd3"，效果如图4-25所示。

步骤 03 打开"收纳盒（6）.jpg"图像文件，使用"魔棒工具" ✦ 为收纳盒创建选区，使用"移动工具" ▸ 拖动选区到新建文件中，按【Ctrl+T】组合键自由变换，调整大小和位置，完成后按【Enter】键确认变换。添加"收纳盒（1）.jpg"文件到新建的文件中，调整图片大小、位置与角度。选择"橡皮擦工具" ✐，调整画笔不透明度和画笔大小，擦除图像，仅保留右上角的书本一角，效果如图4-26所示。

图4-25 绘制矩形

图4-26 添加素材

步骤 04 双击收纳盒图像所在图层，打开"图层样式"对话框，单击选中"投影"复选框，设置投影颜色为"#30545d"，不透明度为"50%"，角度为"49度"，距离为"5像素"，大小为"9像素"，单击 确定 按钮，如图4-27所示。

步骤 05 在右侧空白区域输入图4-28所示的4排文字。设置第1排文字的字体为"方正兰亭粗黑简体"，前4个字的颜色为"#87c149"，后3个字的颜色为"#f5cf3d"；设置第2排文字的字体为"方正兰亭纤黑_GBK"，颜色为"#5dbdd3"；设置第3排文字的字体为"方正兰亭纤黑_GBK"，颜色为"#ffffff"；设置第4排文字的字体为"方正兰亭纤黑_GBK"，颜色为"#030000"。调整所有文字的大小和位置，然后在"多层桌面收纳盒"文字下层绘制颜色为"#f5cf3c"的圆角矩形。效果如图4-28所示。

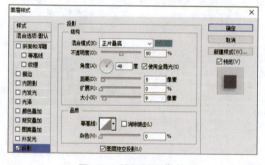

图4-27 设置投影参数

图4-28 输入并设置文字后绘制圆角矩形

步骤 06 选择"椭圆工具" ⬭，在"18.99元"左侧绘制50像素×50像素的圆，并设置填充颜色为"#a4c973"，在圆内输入"BUY"文字，设置字体为"方正大黑简体"，调整文字大小、位置和颜色，完成PC端收纳盒轮播图片的制作。效果如图4-29所示。将文件存储为JPG格式。

步骤 07 制作移动端收纳盒轮播图片。新建名称、宽度、高度和分辨率分别为"移动端收纳盒轮播图片""1200像素""600像素""72像素/英寸"的图像文件。

图4-29　PC端收纳盒轮播图片效果

步骤 08　设置前景色为"#ece9e9"，按【Alt+Delete】组合键填充前景色，选择"减淡工具" 🔍，单击减淡中间区域。

步骤 09　选择"矩形工具" ▭，在图像编辑区中绘制1200像素×370像素的矩形，设置填充颜色为"#afddec"，效果如图4-30所示。

步骤 10　添加"PC端收纳盒轮播图片.psd"文件中的部分文字和收纳盒图像到新建的文件中，调整大小与位置，进行左文右图排版。将文字颜色更改为"#ffffff"，更改"办公收纳新时代"文字的字体为"方正兰亭中黑简体"，更改圆角矩形的填充颜色为"#5dbdd3"，完成移动端收纳盒轮播图片的制作。效果如图4-31所示。将文件存储为JPG格式。

图4-30　绘制矩形　　　　　　　图4-31　移动端收纳盒轮播图片效果

4. 设计水彩笔轮播图片

　　"简洁"办公用品店铺中的水彩笔具有可水洗的特点，在制作PC端和移动端轮播图片时，可以"可水洗水彩笔"为主题，搭配多彩的背景，以体现水彩笔颜色多样。具体操作如下。

扫一扫

设计水彩笔轮播图片

步骤 01　制作PC端水彩笔轮播图片。新建大小为"950像素×250像素"、背景内容为"白色"、名称为"PC端水彩笔轮播图片"的图像文件。

步骤 02　打开"水彩笔背景.jpg"图像文件，将其拖动到新建的文件中，调整大小和位置。选择"矩形工具" ▭，绘制720像素×250像素的矩形，并设置填充颜色为"#f7b858"。再次选择"矩形工具" ▭，在矩形左侧绘制365像素×240像素的矩形，并设置填充颜色为"#ffffff"，描边颜色为"#000000"，描边粗细为"3点"，效果如图4-32所示。

步骤 03　选择"钢笔工具" ✎，在工具属性栏中设置工具模式为"形状"，设置填充颜色为"#27cacc"，描边颜色为"#000000"，描边粗细为"3点"，绘制4个梯形，效果如图4-33所示。

图4-32 添加素材并绘制矩形　　　　　图4-33 绘制4个梯形

步骤 04 选择"矩形工具" ，在梯形中间绘制265像素×215像素的矩形，并设置填充颜色为"#ffffff"。选择"圆角矩形工具" ，在工具属性栏中设置半径为"10像素"，在两个大矩形之间绘制8个46像素×9像素的圆角矩形，并设置填充颜色为"#fff100"，描边颜色为"#000000"，描边粗细为"1点"，效果如图4-34所示。

步骤 05 打开"水彩笔.png"图像文件，将其拖动到右侧矩形上，调整大小和位置，效果如图4-35所示。

图4-34 绘制矩形和圆角矩形　　　　　图4-35 添加并调整素材

步骤 06 选择"横排文字工具" ，输入"可水洗水彩笔"文字，设置字体为"汉仪圆叠体简"，文字颜色为"#01e1ed"，调整文字大小、位置，效果如图4-36所示。

步骤 07 双击"可水洗水彩笔"文字图层，打开"图层样式"对话框，单击选中"颜色叠加"复选框，设置颜色为"#fada00"；单击选中"投影"复选框，设置不透明度为"100%"，距离为"9像素"，扩展为"100%"，大小为"5像素"，单击 确定 按钮。效果如图4-37所示。

图4-36 输入并调整文字　　　　　图4-37 为文字添加图层样式

步骤 08 选择"横排文字工具" ，输入文字，设置字体为"思源黑体 CN"，调整文字大小、位置和颜色，然后在"全场包邮满199元减80元"文字下层绘制填充颜色为"#0087c3"的矩形，效果如图4-38所示。

步骤 09 选择"矩形工具" ，在"可"文字的上方绘制2个矩形用于装饰美化，并设置填充颜色为"#000000"，效果如图4-39所示。

图4-38 输入文字并绘制矩形　　　　　图4-39 绘制矩形

步骤 10　选择"矩形工具" ，绘制描边颜色为"#27cacc"、描边粗细为"3点"、大小为"310像素×180像素"的矩形，单击"添加图层蒙版"按钮 ，设置前景色为"#000000"，使用"矩形选框工具" 框选上方文字部分，按【Alt+Delete】组合键填充前景色，可发现框选部分被隐藏，效果如图4-40所示。完成PC端水彩笔轮播图片的制作。将文件存储为JPG格式。

图4-40　PC端水彩笔轮播图片效果

步骤 11　制作移动端水彩笔轮播图片。新建名称、宽度、高度和分辨率分别为"移动端水彩笔轮播图片""1200像素""600像素""72像素/英寸"的图像文件。

步骤 12　打开"PC端水彩笔轮播图片.psd"文件，将其中的所有内容拖动到新建的图像文件中，调整大小和位置，完成移动端水彩笔轮播图片的制作，效果如图4-41所示。将文件存储为JPG格式。

图4-41　移动端水彩笔轮播图片效果

4.1.5　设计主图

本例将为笔记本制作5张主图，在制作第1张主图时，可采用场景图，利用云朵、圆等图形搭配文字，整体文艺、美观；在制作其他主图时，可展示笔记本的细节，并在顶部添加店标，避免被人盗用图片。具体操作如下。

步骤 01　制作第1张笔记本主图。新建名称、宽度、高度分别为"笔记本主图""800像素""800像素"的图像文件。设置前景色为"#f2ece0"，按【Alt+Delete】组合键填充前景色，添加"笔记本（5）.jpg"文件到新建的文件

扫一扫

设计主图

中，调整大小和位置，效果如图4-42所示。

步骤 02　选择"自定形状工具"🔲，在工具属性栏中设置填充颜色为"#cf986f"，在"形状"下拉列表中选择"🔹"形状，在笔记本中间绘制云朵形状的装饰图形，更改图层不透明度为"50%"。在云朵中输入图4-43所示的文字。设置"金属线圈装订"的字体为"方正兰亭中黑简体"，文字颜色为"#f0d4a2"；设置"平铺书写更方便"的字体为"方正兰亭纤黑_GBK"，文字颜色为"#454640"。在"平铺书写更方便"文字下层绘制圆角矩形，设置填充颜色为"#f1d09d"。

步骤 03　在右上角分别输入"笔""记""本"文字，设置字体为"方正宋三简体"，调整文字位置和大小。在"笔"文字下层绘制圆形，设置填充颜色为"#ba694d"。设置"记""本"文字颜色为"#a1472e"，设置"笔"文字颜色为"#ffffff"。

步骤 04　在右下角绘制白色圆形，在其内输入图4-44所示的文字，设置字体为"方正兰亭中黑简体"。设置"牛皮纸"文字的颜色为"#ba694d"，设置"50""页"文字的颜色为"#454540"，调整文字大小和位置。完成第1张笔记本主图的制作。将文件存储为JPG格式。

图4-42　添加并调整素材　　　　图4-43　绘制形状并输入文字　　　　图4-44　输入其他文字

步骤 05　制作其他主图。新建名称、宽度、高度分别为"笔记本主图2""800像素""800像素"的图像文件，添加"笔记本（3）.jpg"文件到新建的文件中，调整大小和位置，覆盖背景，在左上角添加店标，完成第2张主图的制作并保存图像效果。

步骤 06　使用相同的方法，分别新建名为"笔记本主图3""笔记本主图4""笔记本主图5"的图像文件，添加"笔记本（1）.jpg""笔记本（2）.jpg""笔记本（4）.jpg"图像文件，在左上角添加店标，效果如图4-45所示。

图4-45　第2～5张主图效果

4.1.6　制作主图视频

　　接下来将为笔记本制作主图视频，在设计过程中可先对提供的多个视频进行剪辑，然后在视频中添加说明文字，如"简约·线圈本""米黄色护眼纸张书写不疲劳"，以帮助消费者更快了解商品信息。具体操作如下。

步骤 01　打开剪映视频剪辑软件，在页面上方单击"开始创作"按钮 ，打开剪映视频剪辑界面。

步骤 02　在左上角单击"导入"按钮 ，打开"请选择媒体资源"对话框。选择"笔记本视频1.mov""笔记本视频2.mov""笔记本视频3.mp4"素材文件，单击 按钮，界面左上角显示了导入的视频。将视频拖动到时间轴上，方便编辑视频，如图4-46所示。

步骤 03　在"项目时间轴"面板中将时间指针拖动至"00:00:04:10"位置处，单击"分割"按钮 ，将视频分割为2段，如图4-47所示。

图4-46　添加视频

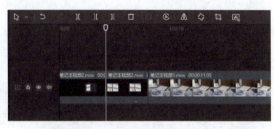

图4-47　分割视频

步骤 04　在"项目时间轴"面板中将时间指针拖动至"00:00:14:20"位置，按【Ctrl+B】组合键分割视频，再在"00:00:29:13"位置分割视频，如图4-48所示。

步骤 05　依次选择第2段、第4段、第6段视频片段，单击"删除"按钮 ，删除选择的视频，也可按【Delete】键删除，如图4-49所示。

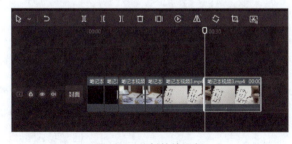

图4-48　分割其他视频

图4-49　删除视频片段

步骤 06　在"项目时间轴"面板中将时间指针拖动至开始位置，单击"文本"选项卡，在左侧列表中选择"文字模板"选项，在右侧列表中单击图4-50所示的文字模板，单击 按钮，下载文字模板，然后单击 按钮。

步骤 07　在右侧的"文字"面板中输入"简约·线圈本"文字，单击 保存预设 按钮，如图4-51所示。

步骤 08　在展示区域中，拖动文字框到右上角，将时间指针拖动至"00:00:04:27"位置，单击"文本"选项卡，在左侧列表中选择"文字模板"选项，在下方的列表中选择"片中序幕"选项，在右侧列表中单击第2排第3个字体样式，单击 ⬇ 按钮，下载文字，单击 ➕ 按钮。使用与前面相同的方法在左上角输入"米黄色护眼纸张 书写不疲劳"，如图4-52所示，并删除第2段文字。

图4-50　选择文字模板

图4-51　输入文字

图4-52　添加其他文字

步骤 09 在操作界面右侧单击 导出 按钮，打开"导出"对话框，填写作品名称，这里设置标题为"笔记本主图视频"，选择导出位置后，单击 导出 按钮完成导出操作。导出完成后，打开保存视频的文件夹可查看保存的视频，效果如图4-53所示。

图4-53　完成后的视频效果

↘ 4.1.7　设计详情页

在制作笔记本详情页时，以褐色和绿色为主色调，使用圆形、圆角矩形、自定形状进行图文混排，不但要体现笔记本卖点、笔记本参数、实拍效果等信息，还需要进行焦点图的制作。具体操作如下。

扫一扫

设计详情页

步骤 01 新建名称、宽度、高度分别为"笔记本详情页""750像素""4850像素"的图像文件。

步骤 02 将"笔记本详情页背景.jpg"图像文件添加到新建的文件中，调整大小和位置，效果如图4-54所示。

步骤 03 选择"横排文字工具" T，输入文字，设置字体为"方正兰亭圆_GBK_中"，设置英文文字颜色为"#8c8687"，其他文字颜色为"#545252"，调整文字大小、位置，如图4-55所示。

步骤 04 选择"圆角矩形工具" ⬜，在工具属性栏中设置半径为"20像素"，在文字下方绘制352像素×57像素的圆角矩形，并设置填充颜色为"#b5915d"；选择"横排文字工具" **T**，在圆角矩形内输入"简约当道足够爱不释手"文字，设置字体为"方正兰亭圆_GBK_中"，调整文字大小、位置和颜色。效果如图4-56所示。

图4-54　添加并调整素材　　　　图4-55　输入并调整文字　　　　图4-56　绘制圆角矩形并输入文字

步骤 05 选择"自定形状工具" ✍，在工具属性栏中设置图形为"▰"，取消填充，设置描边颜色为"#ba694d"，描边粗细为"6像素"，描边样式为第2种虚线样式，绘制云朵形状；在云朵形状右上角绘制圆，设置填充颜色为"#ba694d"。在圆内输入"嗷"文字，设置字体为"方正兰亭圆_GBK_中"，调整文字大小、位置和颜色。效果如图4-57所示。

步骤 06 添加"笔记本（1）.jpg"文件到新建的文件中，调整大小和位置，放置在云朵上，效果如图4-58所示。

步骤 07 选择"圆角矩形工具" ⬜，在云朵内绘制230像素×40像素的圆角矩形，设置填充颜色为"#b5915d"，在其内输入"咖啡色、黑色可选"，设置字体为"方正兰亭圆_GBK_中"，文字颜色为"#ffffff"。在圆角矩形下方输入图4-59所示的3行文字，设置字体为"方正兰亭圆_GBK_中"，文字颜色为"#b5915d"，调整文字大小、位置。

图4-57　绘制形状并输入文字　　　　图4-58　添加并调整素材　　　　图4-59　输入文字

步骤 08　添加"笔记本（2）.jpg"文件到新建的文件中，调整大小和位置。选择"直排文字工具" IT ，输入"双层金属线圈装订"文字，设置字体为"方正兰亭中黑简体"，文字颜色为"#686673"；选择"圆角矩形工具" ，在文字右侧绘制31像素×230像素的圆角矩形，设置填充颜色为"#b5915d"，在其内输入"平铺书写更方便"文字，设置字体为"方正兰亭纤黑_GBK"，调整文字颜色、大小和位置。效果如图4-60所示。

步骤 09　选择"椭圆工具" ，绘制164像素×164像素的圆，并设置填充颜色为"#b5915d"，在圆内输入"NOTEBOOK"文字，设置字体为"方正宋三简体"。继续输入"小档案"文字，设置字体为"方正兰亭中黑简体"，调整文字大小、位置和颜色。使用"直线工具" 在圆的下层绘制两条直线，用于装饰图像，完成标题部分的制作。选择"矩形工具" ，绘制330像素×540像素的矩形，并设置填充颜色为"#b5915d"。选择"横排文字工具" T ，在矩形内输入文字，设置字体为"方正兰亭中黑简体"，调整文字大小、位置和颜色，在文字右侧添加"笔记本（8）.jpg"图像，完成产品信息部分的制作，效果如图4-61所示。

步骤 10　添加"笔记本（11）.jpg""笔记本（3）.jpg"文件到新建文件中，调整大小和位置，水平排列。选择"椭圆工具" ，在笔记本的右下角绘制132像素×132像素的圆，并设置填充颜色为"#b5915d"，在其内输入"随便写 50页"文字，设置字体为"方正兰亭中黑简体"，调整字号和文字位置。

步骤 11　复制产品信息部分的标题到下方，修改圆中的文字为"LOOK""实拍效果"；添加"笔记本（5）.jpg""笔记本（7）.jpg"文件中的笔记本到新建文件中，调整大小和位置，水平排列。效果如图4-62所示。存储文件，完成详情页的制作。

图4-60　添加素材并输入文字

图4-61　完成产品信息部分的制作

图4-62　制作实拍效果

↘ 4.1.8　举一反三

1. 制作PC端办公桌轮播图片

本练习将制作PC端办公桌轮播图片。在制作时主要体现办公桌的优惠信息，绘制过程中可先绘制轮播图片背景，再输入并编辑文字信息，最后在左侧添加办公桌素材，效果如图4-63所示。

图4-63　PC端办公桌轮播图片效果

2. 制作移动端办公桌轮播图片

本练习将制作移动端办公桌轮播图片，可在PC端办公桌轮播图片的基础上进行制作，效果如图4-64所示。

图4-64　移动端办公桌轮播图片效果

3. 制作中性笔主图

本练习将制作中性笔主图，在制作时先制作主图背景，再输入商品信息，并添加店标，效果如图4-65所示。

图4-65　中性笔主图效果

任务2　数码配件类网店设计

随着科技水平的提升，丰富的数码配件为生活带来了许多乐趣与便利。下面将以"Eaget"数码配件网店为例，具体讲解数码配件类网店中店标、店招、轮播图片、主图、主图视频、详情页的设计方法，提高读者设计数码配件类网店的实际操作能力。

↘ 4.2.1　网店背景与设计思路

随着移动设备和数码产品的普及，人们对高品质、实用性和个性化数码配件的需求日益增长。"Eaget"数码配件店铺是一家专注于销售高品质数码配件的线上零售商，旨在为广大消费者提供各类优质数码配件，满足他们对个性化和功能性的追求。"Eaget"数码配件店铺通过其优质的产品和卓越的服务，吸引了大量忠实的消费者群体，为他们带来了更加便捷和愉悦的购物体验。

"Eaget"数码配件店铺准备对店铺的店标、店招、轮播图片、主图、主图视频、详情页重新进行设计，以提升网店形象，在进行案例设计前需要梳理制作思路。

● **店标设计。** "Eaget"数码配件店铺商品丰富，致力于给消费者带来便捷和愉悦的购物体验，因此，设计店标时，应避免过于复杂的设计，可直接以文字的方式展示店标，既直观，又便于识别。

● **店招设计。** 在店招中将店铺的定位"数码配件中心"体现出来，让店招简洁、时尚。

● **轮播图片设计。** 轮播图片包括PC端和移动端两个部分，每个部分包括4类商品，分别是平板保护套、音响、耳机、数据线。在设计时可采用不同形状进行拼合，让整个轮播图片有设计感。除此之外，也可通过色彩搭配，让商品与背景统一。

● **主图设计。** 为鼠标制作主图，共包括5张主图。第1张主图可添加鼠标图像和说明文字，其文字要体现鼠标的功能、使用舒适度等，如"给你不一般的舒适体验""无线鼠标 即插即用"等。同时，为了体现价格的优惠，还可以添加商品促销信息和价格信息。其余4张主图主要是实物展示，可以直接展示鼠标的颜色、细节等。

● **主图视频制作。** 为鼠标制作主图视频，在制作时可通过制作封面图片的方式让整个视频具有亮点，也可通过背景音乐增强视频的氛围感。

● **详情页设计。** 为鼠标制作详情页，详细展示鼠标的卖点、参数、细节、实拍等信息。

↘ 4.2.2　设计店标

"Eaget"店铺店标主要采用Eaget英文变形的方式展示，在设计过程中可直接输入店铺名称，然后添加描边、渐变叠加等图层样式来提升店标的识别性。具体操作如下。

步骤 01　新建大小为"120像素×120像素"、背景内容为"白色"、名称为"Eaget店标"的图像文件。

步骤 02　选择"横排文字工具"[T]，输入"Eaget"文字，设置字体为"方正兰亭中黑简体"，调整文字位置、大小和颜色。

步骤 03　双击文字图层右侧的空白区域，打开"图层样式"对话框，单击选中"描边"复选框，设置大小为"1像素"，描边颜色为"#0d8fa5"。单击选中"渐变叠加"复选框，设置渐变颜色为"#ffffff"～"#0d8fa5"，单击 确定 按钮，如图4-66所示。

步骤 04　选择"圆角矩形工具"[▭]，在工具属性栏中设置半径为"45像素"，绘制102像素×26像素的圆角矩形，设置填充颜色为"#0d8fa5"。在圆角矩形内输入"数码配件"文字，设置字体为"方正兰亭纤黑_GBK"，文字颜色为"#ffffff"。双击该文字图层右侧的空白区域，打开"图层样式"对话框，单击选中"投影"复选框，设置距离和大小分别为"1像素"，单击 <u>确定</u> 按钮，效果如图4-67所示。

步骤 05　完成"Eaget"店标设计，存储为JPG格式。为了便于后期被调用，还可对店标的版式进行调整，效果如图4-68所示。

图4-66　设置图层样式

图4-67　店标效果

图4-68　调整版式

↘ 4.2.3　设计店招

在制作"Eaget"店铺店招时，可先制作背景效果，然后添加店标和说明文字。具体操作如下。

扫一扫

设计店招

步骤 01　新建大小为"950像素×120像素"、背景内容为"白色"、名称为"Eaget店招"的图像文件。

步骤 02　选择背景图层，设置前景色为"#000000"，按【Alt+Delete】组合键填充前景色。新建图层，选择"钢笔工具" 𝒫，绘制带波浪的路径，并将路径转换为选区。选择"渐变工具" ▦，设置渐变颜色为"#0d8fa5"～"#000000"，将第2个颜色的不透明度设置为"0%"，设置渐变角度为"-103度"，然后自上而下进行拖动，填充渐变颜色。

步骤 03　在图像中添加"MacBook转换器（5）.jpg"文件，调整大小和位置。选择"橡皮擦工具" 🖌，调整画笔不透明度和画笔大小，擦除MacBook转换器连接线部分末端，完成背景的制作，效果如图4-69所示。

图4-69　制作背景

步骤 04　打开"Eaget店标.psd"图像文件，选择所有文件将其拖动到左侧空白处，调整大小和位置。

步骤 05　选择"矩形工具" ▢，在图像中间绘制246像素×34像素的矩形，设置描边颜色为"#15899d"，描边粗细为"1点"。在矩形两侧绘制颜色相同、粗细为"1像素"的线条，在矩形中输入"数码配件中心"文字，设置字体格式为"方正兰亭纤黑_GBK"，字符间距为"200"，调整大小和位置，完成移动端店招的设计。查看完成后的效果，如图4-70所示。将文件存储为JPG格式。

图4-70 完成后的效果

↘ 4.2.4 设计轮播图片

　　"Eaget"店铺需要分别为平板保护套、音响、耳机、数据线等商品设计PC端和移动端轮播图片。

1. 设计平板保护套轮播图片

　　"Eaget"店铺中的平板保护套为纯色，有多种颜色可选，材质柔软，能够减少平板被刮伤或摔碎的可能性。因此在设计轮播图片时，可以"让破碎不再发生"为主题，采用深蓝色背景，绘制多种颜色的碎片，制作破碎效果。具体操作如下。

扫一扫

设计平板保护套轮播图片

步骤 01 制作PC端平板保护套轮播图片。新建大小为"950像素×250像素"、背景内容为"白色"、名称为"PC端平板保护套轮播图片"的图像文件。

步骤 02 选择背景图层，设置前景色为"#0c1a38"，按【Alt+Delete】组合键填充前景色。新建图层，设置前景色为"#5cbdd3"，选择"钢笔工具" ✐，绘制装饰形状路径，将路径转换为选区，按【Alt+Delete】组合键填充前景色，效果如图4-71所示。

步骤 03 在背景的左右两侧分别添加"平板保护套（7）.jpg""平板保护套（5）.jpg"文件，调整大小和位置，为素材添加默认的投影效果，效果如图4-72所示。

图4-71 制作背景

图4-72 为素材添加投影效果

步骤 04 选择"横排文字工具" T，在中间输入图4-73所示的2排文字。设置第1排文字的字体为"方正正准黑简体"，文字颜色为"#5cbdd3"，设置第2排文字的字体为"方正兰亭纤黑_GBK"，文字颜色为"#ffffff"，效果如图4-73所示。

步骤 05 在文字下方绘制6个大小相同的圆，其填充颜色从左到右分别为"#3e3b38""#3a4460""#5e92c4""#d6413e""#cd935c""#cdbeaa"，效果如图4-74所示。

图4-73 输入文字

图4-74 绘制圆

步骤 06　选择"横排文字工具" ，输入"仅售"文字，设置字体为"方正兰亭纤黑_GBK"，文字颜色为"#5cbdd3"，并单击"下划线"按钮 T，为文字添加下划线。

步骤 07　选择"矩形工具" □，在文字右侧绘制50像素×30像素的矩形，设置字体为"方正兰亭纤黑_GBK"，文字颜色为"#0c1a38"，在矩形内输入"20元"文字，完成PC端平板保护套轮播图片的制作，效果如图4-75所示。将文件存储为JPG格式。

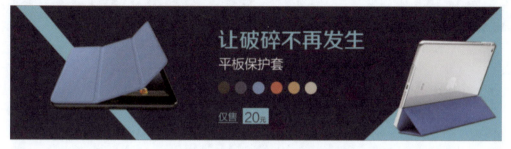

图4-75　PC端平板保护套轮播图片效果

步骤 08　制作移动端平板保护套轮播图片。新建大小为"1200像素×600像素"、背景内容为"白色"、名称为"移动端平板保护套轮播图片"的图像文件。

步骤 09　选择背景图层，设置前景色为"#0c1a38"，按【Alt+Delete】组合键填充前景色。选择"钢笔工具" ，在右下角绘制形状，设置填充颜色为"#5cbdd3"，效果如图4-76所示。

步骤 10　使用"魔棒工具" 为"平板保护套（7）.jpg"文件中的平板保护套创建选区，并使用"移动工具" 将平板保护套图像移动到当前文件中，放置到右侧，调整大小和位置。双击平板保护套图像所在图层右侧的空白区域，打开"图层样式"对话框，单击选中"投影"复选框，设置投影颜色为"#060d1b"，角度为"55度"，距离为"1像素"，大小为"9像素"，单击 确定 按钮，效果如图4-77所示。

图4-76　制作背景

图4-77　添加素材并设置投影颜色

步骤 11　打开"PC端平板保护套轮播图片.psd"图像文件，选择文字内容并将其拖动到左侧空白处，调整大小和位置，效果如图4-78所示。

步骤 12　选择"让破碎不再发生"文字图层，按【Ctrl+J】组合键复制图层。选择图层副本，在图层上右击，在弹出的快捷菜单中选择"栅格化文字"命令，将文字图层转为普通图层。按住【Ctrl】键单击图层缩略图载入选区，将前景色设置为"#ffffff"，选择"画笔工具" ，为选区的部分区域绘制白色。使用相同的方法，利用"画笔工具" 为选区涂抹"#ccca5d""#77bf5d"颜色，效果如图4-79所示。

图4-78　添加文字内容　　　　　　　　　图4-79　绘制颜色

步骤 13　选择"圆角矩形工具" ，在工具属性栏中设置半径为"20像素"，在主题文字下方绘制310像素×48像素的圆角矩形，设置填充颜色为"#5dbdd3"；选择"横排文字工具" T，在圆角矩形内输入"超轻薄 全保护"文字，设置字体为"方正兰亭纤黑_GBK"，文字颜色为"0c1a38"。效果如图4-80所示。

步骤 14　选择"钢笔工具"，绘制多个碎片图形，填充颜色为"#5cbdd3""#ccca5d""#77bf5d"，完成移动端平板保护套轮播图片的制作，效果如图4-81所示。将文件存储为JPG格式。

图4-80　绘制圆角矩形并输入文字　　　　图4-81　移动端平板保护套轮播图片效果

2. 设计音响轮播图片

设计音响的PC端和移动端轮播图片时，为了让色调更加统一，可以结合音响自身的颜色选择主色调，然后搭配音响图片和说明文字，让整个轮播图片更具有识别性。具体操作如下。

扫一扫

设计音响轮播图片

步骤 01　制作PC端音响轮播图片。新建大小为"950像素×250像素"、背景内容为"白色"、名称为"PC端音响轮播图片"的图像文件。

步骤 02　设置前景色为"#ecbb1f"，按【Alt+Delete】组合键填充前景色。

步骤 03　选择"自定形状工具"，在工具属性栏中选择"●"形状，取消填充，设置描边颜色为"#ffffff"，描边粗细为"1像素"，在图像右侧绘制形状。

步骤 04　打开"USB音响（3）.jpg"图像文件，使用"魔棒工具"为商品创建选区，并使用"移动工具"将商品移动到新建的文件右侧，调整大小与位置。双击商品所在图层右侧的空白区域，打开"图层样式"对话框，单击选中"外发光"复选框，设置外发光颜色为"#ffffff"，大小为"196"，单击 确定 按钮，效果如图4-82所示。

步骤 05　选择"横排文字工具" T，输入图4-83所示的文字，设置第1排文字和第3排文字的字体为"方正粗圆简体"，其他文字的字体为"方正兰亭纤黑_GBK"，调整文字的大小、位置和颜色。

图4-82　制作背景　　　　　　　　　　　　图4-83　添加文字

步骤 06　在"优惠价：89元"文字下层绘制自定形状中的"⬛"形状，设置填充颜色为"#292828"。完成PC端音响轮播图片的制作，效果如图4-84所示。将文件存储为JPG格式。

图4-84　PC端音响轮播图片效果

步骤 07　制作移动端音响轮播图片。新建大小为"1200像素×600像素"、背景内容为"白色"、名称为"移动端音响轮播图片"的图像文件。

步骤 08　选择背景图层，设置前景色为"#202120"，按【Alt+Delete】组合键填充前景色。选择"画笔工具" ✍️，设置前景色为"#464e56"，调整画笔大小，在背景图层上绘制浅灰色区域，效果如图4-85所示。

步骤 09　打开"USB音响（3）.jpg"图像文件，使用"魔棒工具" 🪄 为商品创建选区。使用"移动工具" ⊹ 将商品移动到新建文件的右侧，调整大小与位置。双击商品所在图层右侧的空白区域，打开"图层样式"对话框，单击选中"外发光"复选框，设置外发光颜色为"#ffffff"，大小为"196"，单击 确定 按钮。

步骤 10　选择"横排文字工具" T，在左侧输入4排文字，设置第1排文字和第4排文字的字体为"方正粗圆简体"，其他文字的字体为"方正兰亭中黑简体"，调整文字的大小、位置，并设置"USB""e"文字颜色为"#ecbb1f"，其他文字颜色为"#ffffff"。

步骤 11　在价格文字上方绘制165像素×13像素的矩形，设置填充颜色为"#ecbb1f"，完成移动端音响轮播图片的制作，效果如图4-86所示。将文件存储为JPG格式。

图4-85　制作背景　　　　　　　　　　　图4-86　移动端音响轮播图片效果

3. 设计耳机轮播图片

设计耳机的PC端和移动端轮播图片，以"释放音乐原声""随时随地享受音乐"为主题，采用黑色背景，搭配蓝色装饰形状，制作具有层次感的背景，再搭配耳机图片，突出耳机的高音质。具体操作如下。

扫一扫

设计耳机轮播图片

步骤 01 制作PC端耳机轮播图片。新建名称、宽度、高度和分辨率分别为"PC端耳机轮播图片""950像素""250像素""72像素/英寸"的图像文件。

步骤 02 设置前景色为"#1f2020"，按【Alt+Delete】组合键填充前景色。设置前景色为"#515251"，选择"画笔工具" ，为背景绘制灰色区域。选择背景，选择【滤镜】/【杂色】/【添加杂色】命令，打开"添加杂色"对话框，将数量设置为"5%"，单击 确定 按钮，效果如图4-87所示。

步骤 03 打开"耳机（3）.jpg"图形文件，使用"魔棒工具" 为商品创建选区。使用"移动工具" 将商品移动到新建的文件右侧，调整大小和位置。双击耳机所在图层右侧的空白区域，打开"图层样式"对话框，单击选中"投影"复选框，设置投影颜色为"#0c0307"，角度为"55度"，距离为"22像素"，大小为"68像素"，单击 确定 按钮。效果如图4-88所示。

图4-87　制作背景　　　　　　　　　　图4-88　添加素材并设置投影

步骤 04 选择"横排文字工具" ，在中间输入图4-89所示的3排文字，设置第1排文字的字体为"方正兰亭中黑简体"，第2排文字的字体为"方正兰亭纤黑_GBK"，第3排文字的字体为"方正兰亭中黑简体"。

步骤 05 双击"释放音乐原声"文字图层右侧的空白区域，打开"图层样式"对话框，单击选中"渐变叠加"复选框，设置渐变颜色为"#6f6e6e"～"#ffffff"，单击 确定 按钮；选择"直线工具" ，在"释放"文字下方绘制一条颜色为"#5dbdd3"的直线。效果如图4-90所示。

图4-89　输入文字　　　　　　　　　　图4-90　添加图层样式并绘制直线

步骤 06 选择"矩形工具" ，绘制描边颜色为"#5dbdd3"、描边粗细为"2点"、大小为316

像素×137像素的矩形，单击"添加图层蒙版"按钮 ◻，设置前景色为"#000000"，使用"矩形选框工具" ▥ 框选右侧文字部分，按【Alt+Delete】组合键填充前景色，可发现框选部分被隐藏。调整文字和图片的位置，效果如图4-91所示。完成PC端耳机轮播图片的制作。将文件存储为JPG格式。

图4-91　PC端耳机轮播图片效果

步骤 07　制作移动端耳机轮播图片。新建名称、宽度、高度和分辨率分别为"移动端耳机轮播图片""1200像素""600像素""72像素/英寸"的图像文件。

步骤 08　选择背景图层，设置前景色为"#1f2020"，按【Alt+Delete】组合键填充前景色。设置前景色为"#515251"，选择"画笔工具" ✎，为背景绘制灰色区域。选择背景，选择【滤镜】/【杂色】/【添加杂色】命令，打开"添加杂色"对话框，将数量设置为"5%"，单击 ◻确定 按钮。

步骤 09　打开"耳机（3）.jpg"图像文件，使用"魔棒工具" ⚲ 为商品创建选区。使用"移动工具" ⊹ 将商品移动到当前文件中，放置到图像中间，并添加"投影"图层样式，效果如图4-92所示。

步骤 10　选择"横排文字工具" T，在中间输入文字；设置"EARPHONE"的字体为"方正兰亭中黑简体"，文字颜色为"#ffffff"；设置"随时随地享受音乐"的字体为"方正兰亭纤黑_GBK"，文字颜色为"#1c90d1"；设置"109"的字体为"方正兰亭中黑简体"；设置其他文字的字体为"方正兰亭纤黑_GBK"；调整文字大小、位置和颜色。选择"矩形工具" ▭，在"立即购买"文字底层绘制190像素×47像素的矩形，效果如图4-93所示。

图4-92　添加并调整素材

图4-93　绘制矩形

步骤 11　选择"矩形工具" ▭，绘制描边颜色为"#5dbdd3"、描边粗细为"2点"、大小为"316像素×137像素"的矩形，单击"添加图层蒙版"按钮 ◻，设置前景色为"#000000"，使用"矩形选框工具" ▥ 框选右侧文字部分，按【Alt+Delete】组合键填充前景色，可发现框选部分被隐藏，效果如图4-94所示。完成移动端耳机轮播图片的制作。将文件存储为JPG格式。

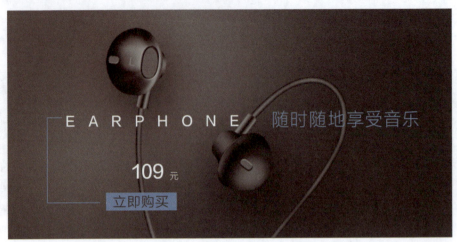

图4-94　移动端耳机轮播图片效果

4. 设计数据线轮播图片

数据线也是"Eaget"店铺中的热销商品，在设计数据线轮播图片时，可以"完美超越/闪电充电"为卖点，采用深蓝色背景突出科技感。具体操作如下。

步骤 01　制作PC端数据线轮播图片。新建名称、宽度、高度和分辨率分别为"PC端数据线轮播图片""950像素""250像素""72像素/英寸"的图像文件。

步骤 02　设置前景色为"#040405"，按【Alt+Delete】组合键填充前景色。将前景色设置为"#003d6d"，选择"画笔工具"，在背景右下角绘制蓝色区域，使背景具有设计感。

步骤 03　打开"数据线（3）.jpg"图像文件，使用"魔棒工具"为商品创建选区。使用"移动工具"将商品移动到轮播图片左侧，调整大小和位置。双击数据线所在图层右侧的空白区域，打开"图层样式"对话框，单击选中"投影"复选框，设置颜色为"#003d6c"，角度为"120度"，距离为"1像素"，大小为"29像素"，单击 确定 按钮。效果如图4-95所示。

步骤 04　选择"横排文字工具"，在左侧输入文字，设置较细的字体为"方正兰亭纤黑_GBK"，设置较粗的字体为"方正兰亭中黑简体"，调整文字大小、位置和颜色，效果如图4-96所示。

图4-95　添加素材并制作投影

图4-96　输入并调整文字

步骤 05 按住【Ctrl】键单击"Data cable"图层缩略图载入选区，设置前景色为"#1890c9"，新建图层，选择"画笔工具" ，为选区右侧部分绘制蓝色。

步骤 06 在第3排文字下层绘制矩形，取消填充，设置描边粗细为"1像素"、描边颜色为"#ffffff"。在第5排文字下层绘制矩形，设置填充颜色为"#1890c9"。更改"立即购买"文字颜色为"#030000"，完成PC端数据线轮播图片的制作，效果如图4-97所示。将文件存储为JPG格式。

图4-97 PC端数据线轮播图片效果

步骤 07 制作移动端数据线轮播图片。新建名称、宽度、高度和分辨率分别为"移动端数据线轮播图片""1200像素""600像素""72像素/英寸"的图像文件。

步骤 08 设置前景色为"#040405"，按【Alt+Delete】组合键填充前景色。打开"PC端数据线轮播图片.psd"图像文件，将其中的内容拖动到新建的文件中，重新调整各个素材的大小和位置，使移动端的布局更加合理，完成移动端数据线轮播图片的制作，效果如图4-98所示。将文件存储为JPG格式。

图4-98 移动端数据线轮播图片效果

4.2.5 设计主图

本例提供的商品为无线鼠标，在进行第1张主图设计时，需要体现无线鼠标便捷的特点，其他几张主图可以从不同角度展示鼠标的细节、颜色等信息。具体操作如下。

步骤 01 新建名称、宽度、高度和分辨率分别为"鼠标主图""800像素""800像素""72像素/英寸"的图像文件。

步骤 02　设置前景色为"#030000"，按【Alt+Delete】组合键填充前景色。选择背景图层，选择【滤镜】/【杂色】/【添加杂色】命令，打开"添加杂色"对话框，设置数量为"15%"，单击 确定 按钮。

步骤 03　选择"矩形工具" ，在右侧绘制矩形，在工具属性栏中单击填充色块，在打开的面板中单击"渐变"按钮 ，设置首尾渐变颜色都为"#11829b"，渐变不透明度分别为"100%""24%"，渐变角度为"90度"，然后设置该矩形图层不透明度为"35%"。

步骤 04　打开"鼠标（1）.jpg"图像文件，使用"魔棒工具" 为商品创建选区。使用"移动工具" 将商品拖动到主图中下位置，调整大小和位置。双击商品所在图层右侧的空白区域，打开"图层样式"对话框，单击选中"投影"复选框，设置投影角度为"120度"，距离为"13像素"，大小为"18像素"，单击 确定 按钮。效果如图4-99所示。

步骤 05　选择"横排文字工具" ，输入文字，设置"给你不一般"的字体为"方正品尚粗黑简体"，"的舒适体验"的字体为"方正兰亭纤黑_GBK"，调整文字大小和位置。

步骤 06　双击"给你不一般的舒适体验"文字图层，打开"图层样式"对话框，单击选中"渐变叠加"复选框，设置渐变颜色为"#e0d649"～"#b4871b"、渐变角度为"-90度"，单击 确定 按钮，效果如图4-100所示。

步骤 07　选择"横排文字工具" ，输入文字，设置"无线鼠标"的字体为"方正兰亭中黑_GBK"，"即插即用"的字体为"方正兰亭纤黑_GBK"，调整文字大小和位置，并设置文字颜色为"#15899d"。选择"圆角矩形工具" ，在文字下层绘制圆角矩形，取消填充，设置描边粗细为"1像素"、描边颜色为"#ffffff"。

步骤 08　选择"椭圆工具" ，在右下角绘制170像素×170像素的圆，设置填充颜色为"#e71f19"。添加默认的投影图层样式，在圆内输入价格，字体设置参考步骤07。保存文件，完成第1张主图的制作，效果如图4-101所示。将文件存储为JPG格式。

图4-99　添加素材并制作投影

图4-100　设置图层样式

图4-101　第1张鼠标主图效果

步骤 09　使用相同的方法新建并制作"鼠标主图2""鼠标主图3""鼠标主图4""鼠标主图5"文件，根据需要添加店标图像，完成后存储为JPG格式，效果如图4-102所示。

图4-102　第2～5张鼠标主图效果

↘ 4.2.6　制作主图视频

本例的鼠标主图视频设计主要是制作主图视频的封面，在制作时可在提供的视频中选择符合需求的视频画面用作视频封面，并添加音频增加视频的氛围感。具体操作如下。

制作主图视频

步骤 01　打开剪映视频剪辑界面，在左上角单击"导入"按钮 ➕，打开"请选择媒体资源"对话框。选择"鼠标视频素材.mp4"素材文件，单击 打开(O) 按钮，界面左上角显示了导入的视频。将视频拖动到时间轴上，方便进行视频编辑。

步骤 02　将时间指针移动到视频片头，在左上角单击"音频"选项卡，在下方的列表中选择"纯音乐"右侧的第1个选项，单击其下方的 按钮，下载音频，然后单击 按钮，将音频添加到轨道中，如图4-103所示。

步骤 03　在"项目时间轴"面板中将时间指针拖动至"00:00:31:19"位置，按【Ctrl+B】组合键分割音频，选择第2段音频，按【Delete】键删除，如图4-104所示。

图4-103　添加音频

图4-104　裁剪音频

步骤 04　在"项目时间轴"面板中单击"封面"按钮 封面，打开"封面选择"对话框，在"视频帧"下方的视频中选择第1张图片作为视频的封面，单击 去编辑 按钮，如图4-105所示。

步骤 05　打开"封面设计"对话框，在"模板"下方的列表中，选择"默认"选项，如图4-106所示，选择"推荐"栏中的第3张图片作为视频的封面模板。

图4-105　选择封面　　　　　　　　　　　　　　图4-106　选择模板

步骤 06　在右侧的预览窗口中编辑文字，参考效果如图4-107所示，完成后单击 完成设置 按钮。

步骤 07　在操作界面右侧单击 导出 按钮，打开"导出"对话框，填写作品名称、选择导出位置后，单击选中"封面添加至视频片头"复选框，单击 导出 按钮完成导出操作，如图4-108所示。导出完成后，打开保存视频的文件夹可查看保存的视频，效果如图4-109所示。

图4-107　编辑封面文字　　　　　　　　　　　　图4-108　导出视频和封面

图4-109 完成后的视频效果

↘ 4.2.7 设计详情页

在制作鼠标详情页时，可以蓝色为主色调，搭配白色和灰色，利用几何形状分割版面进行图文混排，体现鼠标卖点、参数、细节、实拍效果等信息。具体操作如下。

扫一扫

设计详情页

步骤 01 新建名称、宽度、高度分别为"鼠标详情页""750像素""6144像素"的图像文件。

步骤 02 选择"矩形工具"▢，绘制750像素×500像素的矩形，设置填充颜色为"#15899d"。打开"鼠标（1）.jpg"图像文件，使用"魔棒工具"▨为商品创建选区。使用"移动工具"♣将商品移动到矩形右侧，调整大小和位置。双击鼠标商品所在图层右侧的空白区域，打开"图层样式"对话框，添加"投影"效果，设置投影角度为"120度"，距离为"13像素"，大小为"18像素"，单击 确定 按钮。效果如图4-110所示。

步骤 03 选择"横排文字工具"T，在矩形左侧输入图4-111所示的2排文字，设置第1排文字的字体为"方正兰亭粗黑简体"，第2排文字的字体为"方正兰亭纤黑_GBK"，字体颜色为"#ddd145"，调整文字大小和位置。

步骤 04 选择"横排文字工具"T，在已有文字下方输入4排文字，设置第1排文字的字体为"方正兰亭粗黑简体"，第2排文字的字体为"方正兰亭纤黑_GBK"，第3、4排文字的字体为"方正兰亭中黑简体"，字体颜色为"#ffffff"，调整文字大小和位置，完成焦点图的制作，效果如图4-112所示。

图4-110 添加素材并设置投影   图4-111 输入文字   图4-112 焦点图效果

步骤 05 选择"矩形工具"▢，绘制740像素×750像素的矩形，设置填充颜色为"#e2e1dd"。打开"鼠标（10）.jpg""鼠标（2）.jpg"图像文件，使用"魔棒工具"▨为商品创建选区。使用"移动工具"♣，将图像文件移动到焦点图下方，调整大小和位置。为鼠标添加投影，效果如图4-113所示。

步骤 06　在"鼠标"上方输入文字。设置"强劲掌舵""Hard at the helm"文字的字体为"方正兰亭中黑简体"，文字颜色为"37383d"。设置"享受无线自由""Enjoy wireless freedom"的字体为"方正兰亭纤黑_GBK"，文字颜色为"#15899d"。完成卖点图的制作，效果如图4-114所示。

步骤 07　使用"钢笔工具" ，在卖点图的下方绘制颜色为"#15899d"的四边形，在形状内输入两排文字，字体参考卖点图。新建图层，使用"椭圆选框工具" ，在文字的下方绘制椭圆，选择"渐变工具" ，设置渐变颜色为"透明"～"#FFFFFF"～"透明"，从左向右拖动填充渐变颜色，并添加高斯模糊效果，使其形成渐隐效果，效果如图4-115所示。

图4-113　添加投影

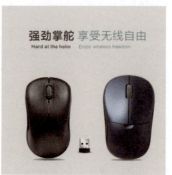

图4-114　卖点图效果

图4-115　添加形状、文字和投影

步骤 08　添加"鼠标（8）.jpg""鼠标（7）.jpg"文件中的鼠标图像，调整鼠标图像大小和位置，完成另一张卖点图的制作，效果如图4-116所示。

步骤 09　选择"矩形工具" ，绘制颜色为"#15899d"、大小为"750像素×100像素"的矩形。输入"商品参数""Product parameters"文字，设置字体为"方正兰亭中黑简体"，文字颜色为"#030000"，调整文字大小和位置。在文字右侧绘制自定义形状中的"►"形状，填充颜色为"#000000"，完成"商品参数"标题的制作。

步骤 10　在图像左侧输入鼠标参数，设置字体为"方正兰亭中黑简体"，文字颜色为"#37383d"，调整文字大小和位置，效果如图4-117所示。

步骤 11　选择"矩形工具" ，在标题栏下方绘制描边粗细为"3像素"、颜色为"#030000"的矩形。栅格化矩形，选择"橡皮擦工具" ，擦除右下角的部分线条，添加"鼠标（2）.jpg"文件到矩形右侧，调整大小，完成鼠标参数图的制作，效果如图4-118所示。

步骤 12　使用步骤09的方法制作"商品细节"标题。添加"鼠标（3）.jpg""鼠标（5）.jpg""鼠标（11）.jpg""鼠标（9）.jpg"文件中的鼠标图像到当前文件中。复制"鼠标（3）""鼠标（5）"图层，使用"椭圆选框工具" ，在复制图像的上方单击并拖动，创建椭圆形选区，按【Shift+Ctrl】组合键反向选区，再按【Delete】键删除选区外的部分，为选区分别添加粗细为"3像素"、颜色为"#15899d""#ffffff"的描边图层样式。

步骤 13　输入对应的商品细节文字，设置标题字体为"方正兰亭中黑简体"，设置其他字体为"方正兰亭纤黑_GBK"，调整上方文字的颜色为"#4b4441"，下方文字的颜色为"#ffffff"，在"鼠标（5）"图层下方，使用"钢笔工具" 绘制填充颜色为"#15899d"的四边形，如图4-119所示。

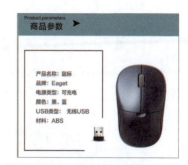

图4-116　另一张卖点图效果　　　　图4-117　输入鼠标参数　　　　图4-118　鼠标参数图效果

步骤 14 使用步骤09的方法制作"商品实拍"标题，添加"鼠标（4）.jpg""鼠标（3）.jpg"
"鼠标（6）.jpg"文件到"商品实拍"板块，调整大小和位置。第1排放置两张图像，第2排放置1
张图像，效果如图4-120所示。存储文件，完成鼠标详情页的制作。

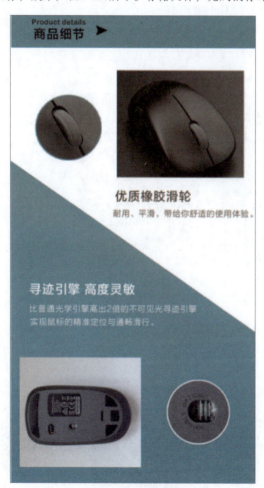

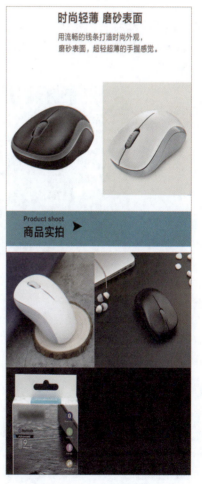

图4-119　鼠标细节图效果　　　　　　　图4-120　鼠标实拍图效果

↘ 4.2.8　举一反三

1. 制作PC端充电板轮播图片

本练习将制作PC端充电板轮播图片。在设计时可突出无线充电板的便捷特点，如以"充电，就是这么简单"为主题，采用清新的绿色背景，运用圆润的字体，制作风格独特的PC端充电板轮播图片，效果如图4-121所示。

图4-121　PC端充电板轮播图片效果

2. 制作移动端充电板轮播图片

本练习将制作移动端充电板轮播图片，可在PC端充电板轮播图片的基础上进行制作，效果如图4-122所示。

图4-122　移动端充电板轮播图片效果

3. 制作数据线主图

本练习将制作数据线主图，在制作第1张主图时，可采用左右布局的方式，左侧为商品描述文字，右侧为数据线图像。在制作其他主图时，则重点展示数据线卖点，然后添加店标，避免图片被盗用。数据线主图效果如图4-123所示。

图4-123　数据线主图效果

电器类网店设计

电器主要是指一些为生活提供便利的用电设备，如电视机、空调、冰箱、洗衣机等。下面将以"S·M"电器网店为例，具体讲解电器类网店中店标、店招、轮播图片、主图、主图视频、详情页的设计方法。

↘ 4.3.1　网店背景与设计思路

"S·M"电器网店是一家专注于销售各类电器的网店，商品涉及多个领域，包括厨房电器、卫浴电器、卧室电器、数码电器等。无论是小家电还是大家电，"S·M"电器网店都力求为消费者提供最优质的商品。此外，"S·M"电器网店还为消费者提供各类售后服务，从送货到安装以及维修，给予消费者全方位的支持。

"S·M"电器网店准备对店铺的店标、店招、轮播图片、主图、主图视频、详情页重新进行设计，以提升网店形象。在进行案例设计前需要梳理制作思路，以方便进行设计。

● **店标设计**。"S·M"电器网店致力于给大众带来满意的家用电器，因此，该店的店标应给人一种舒适、愉悦、积极向上的感受。在进行店标设计时，可以以一朵盛开的花朵为店标主体，给人一种舒适、愉悦的感觉；同时以多种颜色的花瓣传递出店铺希望生意兴隆、蓬勃发展的愿望，给人一种积极向上的感受。

● **店招设计**。"S·M"店招主要体现品牌信息、热卖商品和关注信息，以吸引消费者。

● **轮播图片设计**。轮播图片包括PC端和移动端两个部分，每个部分包括4类商品，分别是洗衣机、洗碗机、料理机、电冰箱。在设计时可先拼合背景，然后添加商品素材和文字，使效果美观、大方。

● **主图设计**。为榨汁机制作主图，共包括5张主图。第1张主图要有代入感，可选择榨汁机的使用场景作为背景，并体现榨汁机"满电可榨12杯""全身可水洗""35秒快速鲜榨""食品级材质"等关键卖点。其余4张主图主要展示榨汁机细节。

● **主图视频制作**。为榨汁机制作主图视频，体现榨汁机的功能和特点，如快速榨汁、清洗方便、材质安全等。

● **详情页设计**。为榨汁机制作详情页，详细展示榨汁机的信息，包括卖点、细节、参数等信息。

↘ 4.3.2　设计店标

"S·M"电器网店店标以盛开的花朵为元素，在设计时可使用钢笔工具来完成，并使用不同的颜色，丰富店标的视觉效果。具体操作如下。

步骤 01　新建大小为"120像素×120像素"、背景内容为"白色"、名称为"S·M店标"的图像文件。新建图层，选择"钢笔工具" ，在白色背景的上方绘制花瓣形状的路径，将路径转化为选区，并填充"#676363"颜色，效果如图4-124所示。

步骤 02　按两次【Ctrl+J】组合键复制两个图层，选择"图层1 副本"图层，按【Ctrl+T】组合键进入自由变换状态，调整复制图层的位置。按住【Ctrl】键不放，单击"图层

1 副本"图层缩略图，将图层内容载入选区，再将前景色设置为"#ff0000"，按【Alt+Delete】组合键填充前景色，完成第2片花瓣的制作，效果如图4-125所示。

步骤 03　使用相同的方法，对复制的"图层1 副本2"图层进行移动与旋转，使三片花瓣呈相互呼应的效果，完成后填充"#46a73e"颜色，效果如图4-126所示。

图4-124　绘制花瓣形状并填充颜色　　图4-125　绘制第2片花瓣形状　　图4-126　绘制第3片花瓣形状

步骤 04　使用相同的方法，绘制其他花瓣，并分别填充"#ff0000""#feobob""#46a73e"颜色，查看完成后的效果，如图4-127所示。选择绘制的所有图层，单击 🔗 按钮，链接图层。

步骤 05　双击"图层1"图层右侧的空白区域，打开"图层样式"对话框，单击选中"投影"复选框，在右侧设置不透明度为"20%"，距离为"4像素"，其他保持默认设置不变，单击 ▭确定▭按钮。

步骤 06　在图像编辑区中查看添加图层样式后的效果，在"图层"面板中选择"图层1"图层，在其上右击，在弹出的快捷菜单中选择"拷贝图层样式"命令，复制图层样式。再在其他图层上右击，在弹出的快捷菜单中选择"粘贴图层样式"命令，将前面的图层样式粘贴到所有的花瓣图层中，效果如图4-128所示。

步骤 07　选择"横排文字工具" T ，在图像右下方输入图4-129所示的文字，设置字体为"Script MT Bold"，并调整文字的大小和位置。完成"S·M"店标设计。将文件存储为JPG格式。

图4-127　绘制其他花瓣　　　　　图4-128　添加投影　　　　　图4-129　输入并调整文字

↘ 4.3.3　设计店招

在制作"S·M"电器网店店招时，可先制作背景效果，然后添加店标、商品说明文字。具体操作如下。

步骤 01　新建大小为"950像素×120像素"、背景内容为"白色"、名称为"S·M店招"的图像文件。

步骤 02 打开"S·M店标.psd"图像文件，将其中所有内容拖动到图像左侧，调整大小和位置。

扫一扫

设计店招

步骤 03 选择"直线工具"，设置填充颜色为"#8e8989"，在店标右侧绘制2像素×90像素的竖线；选择"横排文字工具"，设置字体为"方正韵动粗黑简体"，文字颜色为"#5f5c5c"，输入"S·M家电官方店铺"文字，调整文字大小和位置。效果如图4-130所示。

步骤 04 选择"圆角矩形工具"，在工具属性栏中设置填充颜色为"#e60012"，在文字下方绘制100像素×25像素的圆角矩形；选择"横排文字工具"，在工具属性栏中设置字体为"方正韵动粗黑简体"，字体颜色为"#ffffff"，在圆角矩形中输入"点击关注"文字，调整文字大小和位置。效果如图4-131所示。

图4-130 绘制竖线并输入文字

图4-131 绘制圆角矩形并输入文字

步骤 05 添加"洗碗机.png""洗衣机.png"图像文件，调整各素材的位置和大小。

步骤 06 选择"自定形状工具"，在工具属性栏中设置填充颜色为"#ff0000"，选择"思索2"形状，在洗碗机和洗衣机图像的左上角绘制形状，并在其上输入图4-132所示的文字，设置字体为"方正韵动粗黑简体"，文字颜色为"#ffffff"。

步骤 07 使用"横排文字工具"输入图4-133所示的文字，并设置中文字体为"方正准圆简体"，颜色为"#000000"，设置数字字体为"Bernard MT Condensed"，颜色为"#ff0000"。调整文字大小和位置，使其布局更加合理。

图4-132 绘制自定义形状并输入文字

图4-133 输入文字

步骤 08 在"图层"面板中选择一个数字图层并双击其右侧的空白区域，打开"图层样式"对话框，单击选中"投影"复选框，设置不透明度为"50%"，距离为"1像素"，单击 确定 按钮。复制该图层样式，并分别粘贴到其他数字图层和洗衣机图层中，使其形成投影效果，效果如图4-134所示。

图4-134 完成后的效果

↘ 4.3.4 设计轮播图片

"S·M"网店需要分别为洗衣机、洗碗机、料理机、电冰箱等商品设计PC端和移动端轮播图片。

1. 设计洗衣机轮播图片

在制作PC端和移动端轮播图片时，可以"电器新势力""远程遥控""云智能""定时启停"为主题，搭配使用场景，更具有吸引力。具体操作如下。

扫一扫

设计洗衣机轮播图片

步骤 01　制作PC端洗衣机轮播图片。新建名称、宽度、高度和分辨率分别为"PC端洗衣机轮播图片""950像素""250像素""72像素/英寸"的图像文件。

步骤 02　打开"背景.jpg"图像文件，将其拖动到新建的文件中，调整大小和位置。选择"矩形工具" ▢ ，在工具属性栏中设置填充颜色为"#dddfde"，在图像编辑区中绘制670像素×200像素的矩形，并将其置于背景的下层。

步骤 03　选择绘制的矩形，按【Ctrl+T】组合键变换图像，在其上右击，在弹出的快捷菜单中选择"扭曲"命令，调整矩形的4个点，使其贴合于墙面，然后选择矩形和背景图层，单击 ⊖ 按钮创建链接，效果如图4-135所示。

步骤 04　打开"沙发.png""钟表.png""装饰画.png""花瓶.png""洗衣机1.png""毛巾.png"图像文件，将其中的素材依次拖动到轮播图片中，调整大小和位置。

图4-135　制作背景

步骤 05　选择"横排文字工具" Ｔ ，在工具属性栏中设置字体为"汉仪雅酷黑W"，文字颜色为"#000000"，输入"电器新势力"文字，调整文字大小和位置。双击文字图层右侧的空白区域，打开"图层样式"对话框，单击选中"渐变叠加"复选框，设置渐变颜色为"#00cceff"～"#2796ff"，单击 确定 按钮。

步骤 06　使用"横排文字工具" Ｔ 在文字下方输入"焕新大战，不洗不痛快"文字，并设置字体为"思源黑体 CN"；选择"直线工具" ／ ，在文字的左右两侧各绘制一条粗细为1像素的直线。效果如图4-136所示。

步骤 07　选择"圆角矩形工具" ▢ ，在文字下方绘制430像素×40像素的圆角矩形，再将"电器新势力"图层的图层样式复制到绘制的圆角矩形图层中，使其形成与上方文字相同的渐变效果。在圆角矩形中和下方输入图4-137所示的文字，并设置字体为"思源黑体 CN"，调整文字大小、位置和颜色。

图4-136 输入文字并绘制直线　　　　图4-137 绘制圆角矩形并输入文字

步骤 08 按【Shift+Ctrl+Alt+E】组合键盖印图层，在"调整"面板中单击▥按钮，打开色阶"属性"面板，设置调整值从左到右分别为"0""1.06""240"。

步骤 09 在"调整"面板中单击▦按钮，打开色相/饱和度"属性"面板，在预设下方的下拉列表中选择"红色"选项，在下方设置饱和度为"+38"；再在预设下方的下拉列表中选择"蓝色"选项，设置色相、饱和度分别为"+64""+5"，如图4-138所示。

步骤 10 完成PC端洗衣机轮播图片设计，效果如图4-139所示。将文件存储为JPG格式。

图4-138 设置颜色属性　　　　图4-139 PC端洗衣机轮播图片效果

步骤 11 制作移动端洗衣机轮播图片。新建名称、宽度、高度和分辨率分别为"移动端洗衣机轮播图片""1200像素""600像素""72像素/英寸"的图像文件。

步骤 12 打开"PC端洗衣机轮播图片.psd"图像文件，将背景和素材拖动到新建的文件中，调整大小和位置，效果如图4-140所示。

步骤 13 选择"矩形工具"▢，设置填充颜色为"#081d2f"，在洗衣机左侧绘制420像素×460像素的矩形，设置不透明度为"60%"。

步骤 14 选择"横排文字工具"Ｔ，在矩形内输入"店铺热销"文字，设置字体为"思源黑体CN"，文字颜色为"#2797ff"。在文字下方继续输入"智能变频滚筒洗衣机"文字，设置字体为"思源黑体CN"，文字颜色为"#ffffff"，调整文字位置和大小。选择"直线工具"╱，在文字下方绘制330像素×3像素的直线。

步骤 15 在直线下方继续输入"Intelligent inverter washing machine"文字，在"字符"面板中，设置字体为"Algerian"，文字颜色为"#ffffff"，完成后单击"全部大写字母"按钮Ｔ，将英文以大写字母进行显示，效果如图4-141所示。

图4-140 添加素材

图4-141 输入文字

步骤16 选择"椭圆工具" ⬭ ，在文字下方绘制3个80像素×80像素的圆，并设置填充颜色为 "#2797ff" ，完成后调整其大小和位置。将"小图标.png"图像文件中的小图标拖动到圆内，并 居中显示，效果如图4-142所示。

步骤17 选择"横排文字工具" T ，在圆下方分别输入"远程遥控""云智能""定时启停" 文字，并在工具属性栏中设置字体为"思源黑体CN"，文字颜色为"#ffffff"，调整文字大小和 位置。

步骤18 按【Shift+Ctrl+Alt+E】组合键盖印图层，并设置图层混合模式为"叠加"，完成移动端 洗衣机轮播图片设计，效果如图4-143所示。将文件存储为JPG格式。

图4-142 添加图标素材

图4-143 移动端洗衣机轮播图片效果

2. 设计洗碗机轮播图片

案例中的洗碗机具有"解放双手 轻松补'己'"的特点，在设计轮播图 片时，可以将这些特点融入轮播图片中，搭配温馨的场景，使整个轮播图片更 具有吸引力。具体操作如下。

扫一扫

设计洗碗机轮播图片

步骤01 制作PC端洗碗机轮播图片。新建名称、宽度、高度和分辨率分别为 "PC端洗碗机轮播图片""950像素""250像素""72像素/英寸"的图像文件。

步骤02 打开"洗碗机背景.jpg"图像文件，将其拖动到新建的文件中，调整大小 和位置。

步骤03 选择"横排文字工具" T ，在图像左侧输入图4-144中文字，设置字体为"思源黑体 CN"，文字颜色为"#000000"，调整文字位置和大小。选择"圆角矩形工具" ▢ ，在"多功能 洗碗机重磅首发"文字底层绘制200像素×22像素的圆角矩形，设置填充颜色为"#cfa972"，并 在"图层"面板中设置圆角矩形的不透明度为"50%"。完成PC端洗碗机轮播图片的制作，效果 如图4-144所示。将文件存储为JPG格式。

图4-144　PC端洗碗机轮播图片效果

步骤 04　制作移动端洗碗机轮播图片。新建名称、宽度、高度和分辨率分别为"移动端洗衣机轮播图片""1200像素""600像素""72像素/英寸"的图像文件。

步骤 05　打开"PC端洗碗机轮播图片.psd"图像文件，将背景和素材拖动到页面中，调整大小和位置。选择"矩形工具"，设置填充颜色为"#edebeb"，在文字下层绘制500像素×500像素的矩形，设置不透明度为"60%"，效果如图4-145所示。

步骤 06　选择绘制的矩形，对该矩形进行旋转操作，使其形成菱形效果。再在菱形的两边绘制2个15像素×700像素的矩形，然后对该矩形进行旋转操作，使其与菱形对齐。完成移动端洗碗机轮播图片的制作，效果如图4-146所示。将文件存储为JPG格式。

图4-145　绘制矩形　　　　　　图4-146　移动端洗碗机轮播图片效果

3. 设计料理机轮播图片

在设计料理机轮播图片时，可以以促销为主题，先制作料理机的使用场景，然后输入促销信息，以促进销售。具体操作如下。

步骤 01　制作PC端料理机轮播图片。新建名称、宽度、高度和分辨率分别为"PC端料理机轮播图片""950像素""250像素""72像素/英寸"的图像文件。

步骤 02　打开"PC端料理机背景.jpg""料理机.png"图像文件，将其拖动到新建的文件中，调整大小和位置。

步骤 03　选择"矩形工具"，绘制描边颜色为"#3e3d35"、描边粗细为"1点"、大小为"120像素×226像素"的矩形；单击"添加图层蒙版"按钮，设置前景色为"#000000"，使用"画笔工具"在矩形的左右两侧涂抹，可发现涂抹区域被隐藏。效果如图4-147所示。

步骤 04　选择"直线工具"，在隐藏区域绘制2条粗细为"1像素"的斜线，使画面更加美观；

然后使用"矩形工具" ⬜ 绘制填充颜色为"#3e3d35"，大小分别为"20像素×100像素""34像素×25像素"的矩形。效果如图4-148所示。

| 图4-147　绘制矩形并添加图层蒙版 | 图4-148　绘制斜线和矩形 |

步骤 05 选择"横排文字工具" T，在矩形中输入文字。设置"初秋大促"字体为"方正小标宋简体"，文字颜色为"#3c3a38"。设置"惠"字体为"方正兰亭超细黑简体"。设置其他字体为"宋体"。调整文字大小、位置和颜色。完成PC端料理机轮播图片的制作，效果如图4-149所示。将文件存储为JPG格式。

图4-149　PC端料理机轮播图片效果

步骤 06 制作移动端料理机轮播图片。新建名称、宽度、高度和分辨率分别为"移动端料理机轮播图片""1200像素""600像素""72像素/英寸"的图像文件。

步骤 07 打开"移动端料理机背景.jpg""料理机.png"图像文件，将其拖动到新建的文件中，调整大小和位置。打开"PC端料理机轮播图片.psd"图像文件，将其中的文字和装饰元素拖动到背景中，调整大小和位置，完成移动端料理机轮播图片的制作，效果如图4-150所示。将文件存储为JPG格式。

图4-150　移动端料理机轮播图片效果

4. 设计电冰箱轮播图片

案例中的电冰箱属于上新商品，在制作电冰箱轮播图片时，可以先以"新品上市"引起消费者兴趣，然后再将电冰箱的卖点"质享新鲜""超高性价比""贴心服务"在轮播图片中展示出来，搭配优惠信息，提升消费者的好感度。具体操作如下。

扫一扫

设计电冰箱轮播图片

步骤 01 制作PC端电冰箱轮播图片。新建名称、宽度、高度和分辨率分别为"PC端电冰箱轮播图片""950像素""250像素""72像素/英寸"的图像文件。

步骤 02 选择"矩形工具" ，在工具属性栏中设置填充为渐变，并设置渐变颜色为"#4f67ff"～"#4492ff"，渐变角度为"-180度"，绘制大小为"950像素×250像素"的矩形。

步骤 03 选择"椭圆工具" ，设置填充颜色为"#0000ff"，绘制大小为"290像素×290像素"的圆。单击"添加图层蒙版"按钮 ，设置前景色为"#000000"，使用"画笔工具" 在圆的下方涂抹，可发现涂抹区域被隐藏，使圆形成渐隐效果，效果如图4-151所示。

步骤 04 新建图层，使用"钢笔工具" 绘制颜色为"#213cff"的形状。单击"添加图层蒙版"按钮 ，设置前景色为"#000000"，使用"画笔工具" 在形状右侧涂抹，使形状形成渐隐效果，效果如图4-152所示。

图4-151 绘制圆的渐隐效果

图4-152 绘制形状的渐隐效果

步骤 05 使用相同的方法绘制其他形状，添加图层蒙版，并使用"画笔工具" 使形状形成渐隐效果，完成背景的制作，效果如图4-153所示。

步骤 06 打开"冰箱.png""水花.png"图像文件，将其拖动到新建的文件中，调整大小和位置。为水花图层创建图层蒙版，使用"画笔工具" 涂抹掉水花的多余部分，使整个效果更加美观，效果如图4-154所示。

图4-153 背景效果

图4-154 添加素材后的效果

步骤 07 选择"横排文字工具" ，在右侧输入文字。设置"质享新鲜"字体为"方正汉真广标简体"，其他字体为"思源黑体 CN"，调整文字大小、位置和颜色。

步骤 08 双击"质享新鲜"图层右侧的空白区域，打开"图层样式"对话框，单击选中"投影"复选框，设置颜色为"#325eff"，距离为"11像素"，大小为"11像素"，单击 确定 按钮。

步骤 09 选择"圆角矩形工具" ，在"全场付款满999元减100元"文字下层绘制250像素×30

像素的圆角矩形，并设置填充颜色为"#ffffff"，描边颜色为"#5a66ff"，描边大小为"4点"，完成PC端冰箱轮播图片的制作，效果如图4-155所示。将文件存储为JPG格式。

图4-155　PC端冰箱轮播图片效果

步骤 10　制作移动端冰箱轮播图片。新建名称、宽度、高度和分辨率分别为"移动端冰箱轮播图片""1200像素""600像素""72像素/英寸"的图像文件。

步骤 11　打开"PC端冰箱轮播图片.psd"图像文件，将其中的所有内容拖动到新建的文件中，调整背景、商品素材和文字的大小和位置，然后删除多余的水花素材，并调整其他素材的位置，完成移动端冰箱轮播图片的制作，效果如图4-156所示。将文件存储为JPG格式。

图4-156　移动端冰箱轮播图片效果

4.3.5　设计主图

在设计榨汁机主图时，可使用榨汁后的场景作为背景，运用形状装饰卖点内容，提升消费者对该商品的好感度。在构图上采用左右构图的方式，左侧为卖点文字描述，右侧为榨汁机商品展现，整体画面简洁、内容直观，以此吸引更多消费者关注。具体操作步骤如下。

扫一扫

设计主图

步骤 01　新建名称、宽度、高度和分辨率分别为"榨汁机主图""800像素""800像素""72像素/英寸"的图像文件。

步骤 02 打开"榨汁机素材.jpg"素材文件，将其拖动到"榨汁机主图"文件中，调整大小和位置，效果如图4-157所示。

步骤 03 选择"横排文字工具" T ，在工具属性栏中设置字体为"思源黑体 CN"，文字颜色为"#ffffff"，输入"无线便携 快速鲜榨"文字。

步骤 04 选择"圆角矩形工具" □ ，在工具属性栏中设置填充颜色为"#ffffff"，半径为"30像素"，在文字下层绘制大小为"262像素×56像素"的圆角矩形，然后按住【Alt】键不放向下拖动复制2个圆角矩形。选择"横排文字工具" T ，设置字体为"思源黑体CN"，文字颜色为"#cf4137"，在圆角矩形内输入图4-158所示的文字，调整文字大小和位置。

步骤 05 选择"自定形状工具" ⛊ ，在工具属性栏中设置填充颜色为"#af0417"，在"形状"下拉列表中选择"复选标记"选项，在圆角矩形中文字的左侧绘制所选形状，效果如图4-159所示。

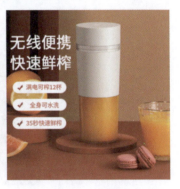

图4-157 添加并调整素材　　　　图4-158 输入文字　　　　图4-159 绘制形状

步骤 06 选择"矩形工具" □ ，在工具属性栏中设置填充颜色为"#8f0514"，在主图底部绘制大小为"800像素×120像素"的矩形。选择"圆角矩形工具" □ ，设置填充颜色为"#fde1bd"，半径为"30像素"，在矩形右上方绘制大小为"470像素×50像素"的圆角矩形。

步骤 07 选择"横排文字工具" T ，设置字体为"思源黑体CN"，在圆角矩形和矩形内分别输入文字，然后设置"无线便携式榨汁机"文字颜色为"#ffffff"，"食品级材质"文字颜色为"#cf4137"，调整文字大小和位置，效果如图4-160所示。

步骤 08 选择"矩形工具" □ ，在工具属性栏中设置填充颜色为"#fde1bd"，在图像左下角绘制大小为"235像素×154像素"的矩形。新建图层，选择"钢笔工具" ✎ ，在该矩形上方绘制折叠部分的路径，将路径创建为选区后，填充"#927b56"颜色，取消选区后，将该图层调整到该所在图层的下方，使其形成折叠效果，效果如图4-161所示。

步骤 09 选择"横排文字工具" T ，在工具属性栏中设置字体为"思源黑体CN"，颜色为"#cf4137"，大小为"50点"，在矩形内输入文字"官方正品"。

步骤 10 双击"官方正品"文字图层右侧的空白区域，打开"图层样式"对话框，单击选中"内阴影"复选框，设置内阴影颜色为"#620706"，单击 确定 按钮，完成第1张主图的制作，效果如图4-162所示。

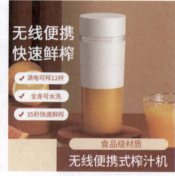

图4-160　输入并调整文字　　　　图4-161　绘制折叠效果　　　　图4-162　第1张主图效果

步骤 11 使用相同的方法制作"榨汁机主图2""榨汁机主图3""榨汁机主图4""榨汁机主图5"文件，根据需要添加店标图像，效果如图4-163所示。将文件存储为JPG格式。

图4-163　其他榨汁机主图效果

↘ 4.3.6　制作主图视频

榨汁机主图视频主要是在相应视频画面添加文字，并制作视频开头和结尾部分，丰富视频内容，然后对封底进行制作。具体操作如下。

扫一扫

制作主图视频

步骤 01 打开剪映视频剪辑界面，在左上角单击"导入"按钮，打开"请选择媒体资源"对话框。选择"榨汁机.mp4""榨汁机素材2.jpg"素材文件，单击 打开(O) 按钮，界面左上角显示了导入的视频。将视频拖动到时间轴上，方便进行视频编辑。

步骤 02 在"项目时间轴"面板中将时间指针拖动至开始位置，单击"文本"选项卡，在左侧列表中选择"文字模板"选项，在右侧列表中选择"民以食为天"文字模板，单击 按钮，下载文字模板，然后单击 按钮，如图4-164所示。

步骤 03 在右侧的"文本"面板中输入"便携榨汁机"文字，单击 保存预设 按钮，如图4-165所示。

步骤 04 在"项目时间轴"面板中将时间指针拖动至末尾位置，单击"文本"选项卡，在左侧列表中选择"片尾谢幕"选项，在右侧列表中选择"下期再见"文字模板，单击 按钮，下载文字，然后单击 按钮，如图4-166所示。

步骤 05 在"项目时间轴"面板中将时间指针拖动至末尾位置的文字上，单击"贴纸"选项卡。在左侧列表中选择"贴纸素材"选项，在下方选择"热门"选项，在右侧列表中选择第2排第1个贴纸样式，单击█按钮，下载文字，然后单击█按钮。在展示区域将贴纸移动到文字下方，调整位置和大小，如图4-167所示。

图4-164　添加文字模板1

图4-165　输入文字内容

图4-166　添加文字模板2

图4-167　添加并调整贴纸

步骤 06 在操作界面右侧单击█████按钮，打开"导出"对话框，填写作品名称，选择导出位置后，单击█████按钮完成导出操作。导出完成后，打开保存视频的文件夹可查看保存的视频，完成后的视频效果如图4-168所示。

图4-168　完成后的视频效果

图4-168　完成后的视频效果（续）

↘ 4.3.7　设计详情页

在制作榨汁机详情页时，将沿用主图色调，先以焦点图的方式展示卖点，然后通过测评的方式，增加消费者的信任度，再充分展示商品卖点和功能，最后介绍详细参数，加深消费者对榨汁机的了解。具体操作如下。

扫一扫

设计详情页

步骤 01　新建名称、宽度、高度分别为"榨汁机详情页""750像素""10 000像素"的图像文件。

步骤 02　打开"榨汁机1.jpg"素材文件，将其拖动到"榨汁机详情页"文件中，调整大小和位置。选择"横排文字工具" T，输入文字，设置字体为"思源黑体 CN"，字体颜色为"#ffffff"，调整文字大小和位置，完成焦点图的制作，效果如图4-169所示。

步骤 03　选择"矩形工具" ▢，在工具属性栏中设置填充颜色为"#f0cfba"，绘制大小为"750像素×1390像素"的矩形。

步骤 04　选择"圆角矩形工具" ▢，设置填充颜色为"#ffffff"，半径为"20像素"，绘制4个340像素×500像素的圆角矩形。打开"榨汁机2.jpg"～"榨汁机5.jpg"素材文件，将其分别拖动到4个圆角矩形内，调整大小和位置，效果如图4-170所示。

步骤 05　选择"横排文字工具" T，输入说明文字，设置字体为"思源黑体 CN"，调整文字大小、位置和颜色；选择"圆角矩形工具" ▢，设置填充颜色为"#b1483c"，半径为"50像素"，在"消费者说好才是真的好"文字下层绘制圆角矩形。效果如图4-171所示。

步骤 06　打开"榨汁机6.jpg"～"榨汁机8.jpg"素材文件，将其拖动到图像下方，调整大小和位置。选择"横排文字工具" T，输入说明文字，设置字体为"思源黑体 CN"，调整文字大小、位置和颜色，效果如图4-172所示。

步骤 07　打开"榨汁机9.jpg"素材文件，将其拖动到图像下方，调整大小和位置。选择"横排文字工具" T，输入说明文字，设置字体为"思源黑体 CN"，调整文字大小、位置和颜色，完成卖点说明图的制作，效果如图4-173所示。

步骤 08　选择"矩形工具" ▢，在工具属性栏中设置填充颜色为"#f4f4f4"，绘制大小为"750像素×1260像素"的矩形。再次选择"矩形工具" ▢，设置填充颜色为"#ffffff"，在大的矩形中绘制3个340像素×320像素的小矩形。

图4-169 焦点图效果

图4-170 绘制圆角矩形并添加素材

图4-171 输入文字并绘制
圆角矩形

图4-172 添加素材和文字

步骤 09 打开"榨汁机10.jpg"～"榨汁机12.jpg"素材文件，将其分别拖动到3个小矩形内，调整大小和位置。选择"横排文字工具" T ，输入文字，设置字体为"思源黑体 CN"，调整文字大小、位置和颜色，效果如图4-174所示。

步骤 10 打开"榨汁机13.jpg"素材文件，将其拖动到图像下方，调整大小和位置。选择"横排文字工具" T ，输入文字，设置字体为"思源黑体 CN"，调整文字大小、位置和颜色。

步骤 11 选择"直线工具" ，绘制粗细为"2像素"、填充颜色为"#7d7d7d"的直线，用于分割文字和展示尺寸，效果如图4-175所示，完成详情页的制作。

图4-173 卖点说明图效果

图4-174 输入并调整文字

图4-175 详细参数

↘ 4.3.8 举一反三

1. 制作移动端迷你榨汁机轮播图片

本练习将制作移动端迷你榨汁机轮播图片，在制作时可先制作背景，然后在背景左侧添加商品图片，在背景右侧添加说明文字。为了提高成交量，还可在顶部设计推荐模块，并在下方显示购买人数。移动端迷你榨汁机轮播图片效果如图4-176所示。

图4-176 移动端迷你榨汁机轮播图片效果

2. 制作全自动榨汁机详情页

本练习将制作全自动榨汁机详情页，整个页面分为3个部分：第1部分为焦点图，主要起到吸引消费者注意的作用；第2部分为榨汁机的商品规格展示，主要展示榨汁机的材质、颜色、功率、工作时间等信息；第3部分则为卖点展示，如安全不伤手、残渣少等。全自动榨汁机详情页效果如图4-177所示。

图4-177　全自动榨汁机详情页效果

05 项目5
服装类、家居用品类和箱包类网店设计

　　服装、家居用品、箱包等都与人们的生活息息相关，优质的服装能改善消费者的穿搭品位，提升消费者的自身形象，优质的家居用品能让生活更加舒适，而优质的箱包则可让出行更加便利。在进行服装类、家居用品类、箱包类网店设计时，可根据不同类目店铺的商品信息，设计符合店铺需求的店标、店招、轮播图片、主图、主图视频、详情页等内容，从而达到吸引消费者的目的。

素养目标

- 培养设计审美，提升美学素养
- 提升针对不同店铺所售商品进行设计的能力

项目要点

- 服装类网店设计
- 家居用品类网店设计
- 箱包类网店设计

任务1　服装类网店设计

　　服装是人们日常生活的必需品之一，服装类网店常见的商品主要有衣服、裤子、裙子等，这类网店的设计需要在符合网店定位的前提下，清晰地展示服装信息。本案例将对"SisJuly"服装网店的店标、店招、轮播图片、主图、主图视频和详情页进行设计。

↘ 5.1.1　网店背景与设计思路

　　"SisJuly"服装网店是一家主营男士T恤、男士卫衣、女士牛仔裤和女士西装的时尚潮流店铺。该店的服装种类繁多，且风格多样，不仅包括时尚休闲的街头风格，还有成熟稳重的商务风格，可以满足不同人群的服装需求。而且该店注重服装的品质，服装采用高品质面料制作，具有较强的舒适性和耐久性。

　　为了提升网店的品牌形象，吸引更多的消费者进店购物，在设计前可对网店的各个部分进行构思。

　　● 店标设计。"SisJuly"的目标消费群体为年轻人，为了迎合该群体，在设计店标时，可以对英文部分进行适当的变形设计，设置不同的颜色，提升设计感，然后添加中文"服饰"以便于识别。

　　● 店招设计。"SisJuly"店铺的商品较多，为了满足不同人群的需求，可以在店招中侧重体现品牌信息、热卖商品，以吸引消费者，让人一眼就能记住该品牌。

　　● 轮播图片设计。轮播图片包括PC端和移动端两个部分，每个部分包括4类商品，分别是女士西装、女士牛仔裤、男士卫衣、男士T恤。在设计时可针对不同的消费群体进行设计，如女士西装、女士牛仔裤在色彩上可选择女士较为喜欢的红、蓝等色彩，而男士的卫衣、T恤则可选择灰色、深蓝色等较深的颜色。除此之外，也可对卖点和优惠信息进行集中展示。

　　● 主图设计。为棉衣制作主图，共包括5张主图。第1张主图主要展现卖点，即轻便保暖，可选择冬季大雪场景作为背景，符合棉衣的使用季节。同时，还要添加"新款加厚中长款棉服""冬季必备御寒保暖"等关键卖点。此外，为了体现价格的优惠性，还可以添加商品促销信息和价格信息。其余4张主图主要是实物展示，可以直接展示棉衣的颜色、细节特写等。

　　● 主图视频制作。为棉衣制作主图视频，体现棉衣的选材和制作过程，让消费者对棉衣有更加直观的了解，提升消费者的好感度。

　　● 详情页设计。为棉衣制作详情页，体现出棉衣的卖点、参数、颜色等信息，也可以根据需要添加一些带有促销性质的宣传语，但不能过分夸张。

↘ 5.1.2　设计店标

　　"SisJuly"店标由英文和中文两个部分组成，左侧为英文"SisJuly"，右侧为中文"服饰"，效果简单、便于识别。具体操作如下。

步骤 01　新建大小为"120像素×120像素"、背景内容为"白色"、名称为"SisJuly店标"的图像文件。

步骤 02　选择"横排文字工具" T ，在图像编辑区中输入"SisJuly"文字，

扫一扫

设计店标

在"字符"面板中设置字体为"Brush Script Std"，文字颜色为"#000000"，单击"仿粗体"按钮 **T**。

步骤 03 选择第一个"S"字母，修改字体为"Algerian"，文字颜色为"#b10414"；单击"仿斜体"按钮 **T**，并增大字号。使用相同的方法修改"J"字母的格式，使其与第一个"S"字母格式相同，效果如图5-1所示。

步骤 04 选择"直排文字工具" **IT**，在英文文字右侧输入"服饰"文字，设置字体为"方正细珊瑚简体"，文字颜色为"#444444"，单击"仿粗体"按钮 **T**，完成后的店标效果如图5-2所示，存储为PNG格式。

$$SisJuly$$

图5-1　输入并设置英文文字效果

$$SisJuly服饰$$

图5-2　店标最终效果

↘ 5.1.3　设计店招

设计"SisJuly"网店店招时，可先制作背景，然后在背景左侧添加店标，最后添加带有促销性质的文字，如"是时候穿件好的了"等。具体操作如下。

步骤 01 新建名称、宽度、高度分别为"SisJuly店招""950像素""120像素"的图像文件。

步骤 02 打开"连衣裙（1）.jpg"文件，使用"移动工具" **▶╋** 将连衣裙图片移动到新建的文件中，调整图片的大小和位置，使其位于店招右侧。

步骤 03 使用"矩形选框工具" **□** 在连衣裙图片的左侧背景处绘制一个矩形选区，按【Ctrl+J】组合键复制图层，然后按【Ctrl+T】组合键将选择的图片向左拉伸，效果如图5-3所示。

图5-3　制作背景

步骤 04 选择"矩形工具" **□**，在工具属性栏中设置填充颜色为"#ffffff"，在店招左侧绘制350像素×110像素的矩形，在"图层"面板中设置图层不透明度为"40%"。

步骤 05 选择"横排文字工具" **T**，在店招中间输入"是时候穿件好的了"文字，设置字体为"思源黑体 CN"，文字颜色为"#ffffff"，调整文字大小、位置。

步骤 06 在文字下方输入"手工花网刺绣"文字，修改文字大小为"16点"。在其下输入"立即购买"文字，修改文字大小为"20点"。

步骤 07 选择"矩形工具" **□**，在工具属性栏中设置填充颜色为"#5f6188"，在"立即购买"文字图层下层绘制76像素×20像素的矩形，效果如图5-4所示。

步骤08　选择"矩形工具" ，取消填充，设置描边颜色为"#ffffff"，粗细为"1.5像素"，然后绘制375像素×100像素的矩形框；选择"直线工具" ，在文字上下分别绘制两条白色直线。效果如图5-5所示。

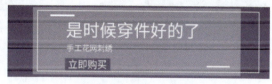

| 图5-4　绘制矩形 | 图5-5　绘制矩形框和直线 |

步骤09　选择"钢笔工具" ，在工具属性栏中设置工具模式为"形状"，设置填充颜色为"#ffffff"，在左侧绘制形状，并设置图层不透明度为"70%"。打开"SisJuly店标.psd"文件，将其中的店标复制到当前文件中，调整大小和位置，完成店招的制作，效果如图5-6所示。将文件存储为JPG格式。

图5-6　店招效果

↘ 5.1.4　设计轮播图片

下面分别为女士西装、女士牛仔裤、男士卫衣、男士T恤等商品设计PC端和移动端轮播图片。

1. 设计女士西装轮播图片

设计PC端女士西装轮播图片时，由于提供的素材中人物所占面积较小，为了提升美观度，可采用左右排版的方式，左侧为图片，右侧则为说明文字。此外，为了增加人物部分的美观度，可为其添加底纹效果。具体操作如下。

步骤01　制作PC端女士西装轮播图片。新建大小为"950像素×250像素"、背景内容为"白色"、名称为"PC端女士西装轮播图片"的图像文件。

步骤02　使用"矩形工具" 绘制1130像素×650像素的矩形，设置填充颜色为"#aa1819"，通过自由变换使其形成梯形效果。再绘制一个较窄的矩形，设置填充颜色为"#aa1819"，自由变换使其与梯形的斜边平行，效果如图5-7所示。

步骤03　选择"直线工具" ，在梯形内绘制一条200像素×9像素的白色直线，然后旋转直线（直线位置参见图5-8）。

步骤04　使用"矩形工具" 在图像右侧绘制562像素×176像素的矩形，取消填充，设置描边颜色为"#aa1819"，描边大小为"1.33像素"，将该矩形所在图层移动到图层底部。

步骤05　使用"矩形工具" 绘制17像素×17像素的正方形，设置填充颜色为"#aa1819"，将其移动到右下角。复制2个正方形，设置其中一个正方形的图层不透明度为"45%"，调整2个正方形的位置，效果如图5-8所示。

图5-7　绘制并变换矩形　　　　　　　　　　　图5-8　绘制并复制正方形

步骤 06　打开"女士西装（7）.jpg"图像文件，使用"快速选择工具" ✓，选取人物图像，将其移动到新建的文件中，调整大小并移动到合适位置，效果如图5-9所示。

步骤 07　选择"矩形工具" ▭，在图像右侧绘制190像素×23像素的矩形，取消填充，设置描边颜色为"#aa1819"、描边大小为"2像素"。

步骤 08　使用"矩形工具" ▭在上一步绘制的矩形左侧绘制115像素×22像素的矩形，设置填充颜色为"#aa1819"。

步骤 09　使用"横排文字工具" T，在矩形中输入"全场女装两件八折"和"满600元减50元"文字，设置字体为"思源黑体CN"，文字颜色分别为"白色""#aa1819"，效果如图5-10所示。

图5-9　添加并调整素材　　　　　　　　　　　图5-10　输入文字

步骤 10　使用"横排文字工具" T，输入其他文字，设置字体为"思源黑体CN"，颜色为"#aa1819"，调整文字位置和大小。选择"直线工具" ╱，在"FO"文字上方绘制一条直线，完成PC端女士西装轮播图片的制作，效果如图5-11所示。将文件保存为JPG格式。

图5-11　PC端女士西装轮播图片效果

步骤 11　制作移动端女士西装轮播图片。新建名称、宽度、高度和分辨率分别为"移动端女士西装轮播图片""1200像素""600像素""72像素/英寸"的图像文件。

步骤 12　新建图层，设置前景色为"#ebf6f7"，按【Alt+Delete】组合键填充前景色。选择"矩形工具" ▭，在图像右侧绘制240像素×620像素的矩形，然后设置填充颜色为"#7ac9d5"。复制该矩形，将其自由变换，然后向左移动。复制4个变换后的矩形，依次向左等距排列，效果如

图5-12所示。

步骤 13　打开"女士西装（7）.jpg"图像文件，使用"快速选择工具" 为模特创建选区，并使用"移动工具" 将其移动到新建的文件中。按【Ctrl+T】组合键，调整图像大小和方向，并将其移动至图像右侧。使用"横排文字工具" 输入文字，设置字体为"思源黑体 CN"，"职场魅力女性"文字颜色为"#7ac9d5"，其他文字颜色为"#000000"。选择"Autumn"文字，打开"字符"面板，单击"仿粗体"按钮 和"全部大写字母"按钮 ，调整字体大小、位置，效果如图5-13所示。

<table>
<tr><td>图5-12　制作背景图形</td><td>图5-13　输入并调整文字</td></tr>
</table>

步骤 14　使用"矩形工具" 在"职场"文字下方绘制155像素×7.5像素的矩形，设置填充颜色为"#7ac9d5"；在文字下方绘制175像素×56像素的矩形，取消填充，设置描边颜色为"#7ac9d5"，描边样式为"虚线"；接着在右侧绘制250像素×56像素的矩形，设置填充颜色为"#7ac9d5"，取消描边。选择"横排文字工具" ，输入"两件8折"和"满600元减50元"文字，设置字体为"思源黑体 CN"，"两件8折"文字颜色为"#7ac9d5"，其他文字颜色为"#ffffff"，调整文字的大小和位置。效果如图5-14所示。

步骤 15　选择"自定形状工具" ，在工具属性栏中设置填充颜色为"#313131"，形状样式为"波浪"，然后在图像中间绘制一个波浪形状，再将其旋转一定角度。

步骤 16　选择"自定形状工具" ，在工具属性栏中设置填充颜色为"#7ac9d5"，形状样式为"拼贴2"，在图像的左侧绘制100像素×100像素的形状。

步骤 17　在图像右侧使用"椭圆工具" 绘制180像素×180像素的圆，设置填充颜色为"#7ac9d5"。复制绘制的"拼贴2"图形，将复制后的图形拖动到圆内，调整大小和位置，使其完全覆盖圆，然后将填充颜色修改为"#ffffff"，按【Ctrl+Alt+G】组合键创建蒙版。完成移动端女士西装轮播图片的制作，效果如图5-15所示。将文件保存为JPG格式。

<table>
<tr><td>图5-14　绘制矩形并输入文字</td><td>图5-15　移动端女士西装轮播图片效果</td></tr>
</table>

2. 设计女士牛仔裤轮播图片

本例提供的女士牛仔裤属于四季通用的常规版型铅笔裤，因此在设计轮播图片时，可以重点展示该牛仔裤四季通用且百搭的特点。具体操作如下。

扫一扫

设计女士牛仔裤轮播图片

步骤 01 制作PC端女士牛仔裤轮播图片。新建大小为"950像素×250像素"、背景内容为"白色"、名称为"PC端女士牛仔裤轮播图片"的图像文件。

步骤 02 将背景图层填充为"#e0dcd1"颜色，使用"矩形工具"▢绘制填充颜色为"#8f6156"、大小为"950像素×135像素"的矩形。

步骤 03 使用"横排文字工具"Ｔ在矩形中输入"FOUR SEASONS GENERAL"文字，设置字体为"Impact"，文字颜色为"#ffffff"，不透明度为"15%"，效果如图5-16所示。

步骤 04 选择"矩形工具"▢，绘制填充颜色为"#8f6156"、大小为"170像素×290像素"的矩形。双击该图层右侧的空白区域，打开"图层样式"对话框，单击选中"投影"复选框，设置不透明度为"48%"，距离为"14像素"，大小为"13像素"，单击 确定 按钮。

步骤 05 打开"牛仔裤（6）.jpg"图像文件，使用"钢笔工具"✐为人物图像创建选区，并将其移动到当前文件中，通过自由变换将其水平翻转，并调整到合适的大小和位置。选择【图层】/【修边】/【去边】命令，打开"去边"对话框，设置宽度为"1像素"，单击 确定 按钮，增加人物的美观度。效果如图5-17所示。

图5-16 输入文字1　　　　　　　　　　图5-17 添加并调整素材

步骤 06 使用"矩形工具"▢绘制描边颜色为"#8f6156"、描边大小为"5像素"、大小为"90像素×75像素"的矩形。单击"添加图层蒙版"按钮▣，设置前景色为"#000000"，使用"画笔工具"✎在右侧和下方涂抹，隐藏涂抹区域。

步骤 07 使用"横排文字工具"Ｔ在矩形中输入"NEW FAVORITE AUTUMN"文字，设置字体为"Myriad Pro"，文字颜色为"#343434"，效果如图5-18所示。

步骤 08 使用"矩形工具"▢绘制描边颜色为"#343434"、描边大小为"8像素"、大小为"910像素×268像素"的矩形，并设置图层的不透明度为"84%"。为矩形添加图层蒙版，保留矩形左右两边的顶端和底端，效果如图5-19所示。

图5-18 输入文字2　　　　　　　　　　图5-19 制作4个角

步骤 09 使用"横排文字工具"Ｔ输入文字，设置英文字体为"Verdana"，中文字体为"思源黑体CN"，文字颜色为"#ffffff"，完成PC端女士牛仔裤轮播图片的制作，效果如图5-20所示。

图5-20 PC端女士牛仔裤轮播图片效果

步骤 10 制作移动端女士牛仔裤轮播图片。新建名称、宽度、高度和分辨率分别为"移动端女士牛仔裤轮播图片""1200像素""600像素""72像素/英寸"的图像文件。

步骤 11 打开"牛仔裤（7）.jpg"图像文件，使用"移动工具" 将其移动到新建文件中，调整图像大小和位置。新建图层1，设置填充颜色为"#ffffff"，设置图层不透明度为"61%"。

步骤 12 使用"矩形工具" 绘制400像素×700像素的矩形，设置填充颜色为"#657299"，调整矩形至左侧合适位置。复制并缩小该矩形，将其移动到右侧，效果如图5-21所示。

步骤 13 再次复制一个矩形，将其自由缩放到合适大小，放置到右侧，修改填充颜色为"#cecece"。复制"图层1"图层到矩形上方，将其创建为剪贴蒙版，效果如图5-22所示。

图5-21 制作背景图像　　　　　　　图5-22 创建剪贴蒙版

步骤 14 再次复制一个"图层1"图层，使用"钢笔工具" 为人物的上半身和脚创建选区，然后为图层创建图层蒙版；选中蒙版，按【Ctrl+Shift+I】组合键反向选区，并填充颜色为"#000000"。效果如图5-23所示。

步骤 15 使用"横排文字工具" 在左侧矩形中输入"Sale"文字，设置字体为"Brush Script Std"，文字颜色为"#e4ca97"，然后将文字逆时针旋转一定角度。

步骤 16 再次输入"FASHION FOUR SEASONS"文字，设置字体为"Bell MT"，将其移动到"Sale"文字中间，调整文字位置、大小和间距。

步骤 17 输入"四季通用"文字，设置字体为"方正美黑简体"。再输入"一样的流派，不一样的做派"文字，设置字体为"思源黑体 CN"，调整文字位置、大小和间距。

步骤 18 使用"矩形工具" 在文字下方绘制285像素×40像素的矩形，设置填充颜色为"#ffffff"。

步骤 19　使用"横排文字工具" T.在白色矩形内输入"SisJuly　混纺牛仔裤"文字，设置字体为"思源黑体 CN"，文字颜色为"#83653b"。使用"直线工具" ✓ 绘制一条颜色为"#ffffff"的直线。

步骤 20　选择"直排文字工具" IT.，在右侧蓝色矩形中输入"THE COLLECTION"文字，设置字体为"Bell MT"，完成移动端女士牛仔裤轮播图片的制作，效果如图5-24所示，按【Ctrl+S】组合键保存文件。

图5-23　创建图层蒙版　　　　　　　图5-24　移动端女士牛仔裤轮播图片效果

3. 设计男士卫衣轮播图片

"SisJuly"网店的男士卫衣具有舒适与时尚的特点，深受消费者青睐，因此在制作轮播图片时，需要考虑如何让消费者在视觉上感受到卫衣的舒适与时尚。具体操作如下。

步骤 01　制作PC端男士卫衣轮播图片。新建大小为"950像素×250像素"、背景内容为"白色"、名称为"PC端男士卫衣轮播图片"的图像文件。

步骤 02　将背景填充为从"#ebeded"到"#949696"的径向渐变颜色。

步骤 03　打开"男士卫衣（2）.jpg"图像文件，使用"快速选择工具" ✓ 抠取衣服背面图像，并使用"移动工具" ➕ 将其移动到新建的文件中。切换到"男士卫衣（2）.jpg"图像文件中，使用相同的方法抠取衣服正面图像，并将其移动到新建的文件中。

步骤 04　选择衣服正面图层，按住【Ctrl】键的同时选择衣服背面图层。然后按【Ctrl+T】组合键调整衣服的大小，完成后按【Enter】键确认修改，再分别调整衣服正、反面的位置。

步骤 05　双击衣服正面图层右侧的空白区域，打开"图层样式"对话框，单击选中"投影"复选框，设置颜色为"#757474"，不透明度为"75%"，距离为"5像素"，扩展为"5%"，大小为"10像素"，单击 确定 按钮。

步骤 06　在衣服正面图层上右击，在弹出的快捷菜单中选择"拷贝图层样式"命令，然后在衣服背面图层上右击，在弹出的快捷菜单中选择"粘贴图层样式"命令，添加素材后效果如图5-25所示。

步骤 07　打开"男士卫衣（5）.jpg"图像文件，使用"快速选择工具" ✓ 抠取人物图像，并使用"移动工具" ➕ 将其移动到新建的文件中，调整大小和位置，设置其图层不透明度为"20%"，效果如图5-26所示。

图5-25　添加素材

图5-26　抠取素材并设置不透明度

步骤 08 使用"直线工具" ✒在图像上方绘制一条颜色为"#ffffff"、粗细为"5像素"的直线。使用相同的方法在图像下方和右侧绘制直线。

步骤 09 使用"横排文字工具" T,在图像右侧输入"成熟稳重 舒适休闲 释放自我"文字，设置字体为"思源黑体 CN"，文字颜色为"#fffefe"，然后在文字下方绘制一个颜色为"#a40000"的矩形。

步骤 10 使用"横排文字工具" T,输入其他文字，完成PC端男士卫衣轮播图片的制作，最终效果如图5-27所示。

图5-27　PC端男士卫衣轮播图片效果

步骤 11 制作移动端男士卫衣轮播图片。新建名称、宽度、高度和分辨率分别为"移动端男士卫衣轮播图片""1200像素""600像素""72像素/英寸"的图像文件。将背景填充为从"#c3c3c3"到"#949696"的对称渐变颜色。

步骤 12 打开"男士卫衣（5）.jpg"图像文件，抠取人物并移动到新建的文件中，调整大小和位置。使用"矩形工具" □在图像右侧绘制两个矩形，效果如图5-28所示。

步骤 13 使用步骤09～步骤10的方法在图像右侧输入文字，并调整其位置，完成移动端男士卫衣轮播图片的制作，效果如图5-29所示。

图5-28　绘制矩形

图5-29　移动端男士卫衣轮播图片效果

4. 设计男士T恤轮播图片

本例的男士T恤具有自然、舒适的特点，是"SisJuly"网店中的热卖商品之一。在为其设计PC端、移动端轮播图片时，可采用左右构图的方式，展示商品图片和文字，方便识别。具体操作如下。

步骤 01 制作PC端男士T恤轮播图片。新建大小为"950像素×250像素"、背景内容为"#ffffff"、名称为"PC端男士T恤轮播图片"的图像文件。

步骤 02 使用"钢笔工具" 在左侧绘制三角形路径，完成后按【Ctrl+Enter】组合键载入选区，将前景色设置为"#b0c9d6"，按【Alt+Delete】组合键填充颜色。使用相同的方法，在右侧绘制一个四边形，并将其填充"#6791a9"颜色，效果如图5-30所示。

步骤 03 使用"矩形工具" 在右侧绘制描边颜色为"#767573"、描边大小为"3点"、大小分别为"465像素×185像素""445像素×163像素"的矩形，分别为矩形所在图层添加图层蒙版，遮住矩形的部分上下边缘。

步骤 04 使用"矩形工具" 在图像外侧绘制描边颜色为"#000000"、描边大小为"1点"、大小为"940像素×230像素"的矩形，效果如图5-31所示。

 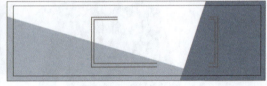

图5-30 绘制形状并填充颜色 图5-31 绘制矩形

步骤 05 打开"男士T恤（2）.jpg""男士T恤（6）.jpg"图像文件，分别使用"快速选择工具" 选择图片背景，然后按【Shift+Ctrl+I】组合键反选。使用"移动工具" 将T恤图像移动到轮播图片左侧，调整其大小。按住【Ctrl】键的同时选择"男士T恤（2）.jpg"和"男士T恤（6）.jpg"图像所在的图层，复制所选图层，得到副本图层，按【Ctrl+E】组合键合并副本图层。

步骤 06 保持选择合并后的图层，选择【编辑】/【变换】/【垂直翻转】命令翻转图像，并移动到服装的下方，然后单击"图层"面板下方的"添加图层蒙版"按钮 。选择"渐变工具" ，将渐变色设置为由"#000000"到"#ffffff"，从图像编辑区的下方往上方绘制渐变色，效果如图5-32所示。

步骤 07 使用"横排文字工具" ，输入"TREND FASHION""纯棉针织T恤"文字，设置字体为"思源黑体 CN"，字体样式为"Bold"，文字颜色为"#767573"。在已有文字下方输入"全场2件享8折优惠"文字，调整文字大小和位置，效果如图5-33所示。

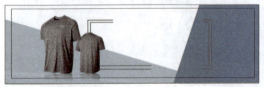 

图5-32 绘制渐变色 图5-33 输入并调整文字

步骤 08　使用"圆角矩形工具"  在"全场2件享8折优惠"文字下层绘制填充颜色为"#767573"、半径为"20像素"的圆角矩形。

步骤 09　使用"自定形状工具"在"纯棉针织T恤"文字左侧绘制形状样式为"波浪"、颜色为"#d3b591"的形状，完成PC端男士T恤轮播图片的制作，效果如图5-34所示。将文件保存为JPG格式。

图5-34　PC端男士T恤轮播图片效果

步骤 10　制作移动端男士T恤轮播图片。新建名称、宽度、高度和分辨率分别为"移动端男士T恤轮播图片""1200像素""600像素""72像素/英寸"的图像文件。

步骤 11　将背景图层颜色填充为"#3a6fa3"，使用"矩形工具"绘制填充颜色为"#eeeeee"、大小为"450像素×600像素"的矩形。

步骤 12　打开"PC端男士T恤轮播图片.psd"图像文件，将中间区域的内容拖动到新建的图像文件中，调整大小和位置，并将T恤背面素材删除。然后将文字、矩形、圆角矩形的颜色修改为"#ffffff"，并将"全场2件享8折优惠"文字颜色修改为"#3f6589"。

步骤 13　复制波浪线图形，并将复制的波浪线移动到右上角和左下角，然后将颜色修改为"#ffffff"，调整各个波浪线的大小和位置，完成移动端男士T恤轮播图片的制作，效果如图5-35所示。

图5-35　移动端男士T恤轮播图片效果

↘ 5.1.5　设计主图

制作第1张棉衣主图时，考虑以大雪场景为背景，并采用左右排版的方式，左侧为商品图片，右侧为文字，让商品、商品介绍、价格和卖点内容更加突出，其余4张主图直接在棉衣实拍图上添加店标，简洁直观。具体操作如下。

步骤 01 制作第1张棉衣主图。新建名称、宽度、高度分别为"棉衣主图""800像素""800像素"的图像文件。

步骤 02 打开"大雪背景.jpg""棉衣.png"素材文件，将大雪背景拖动到新建的文件中作为背景，并将棉衣产品图中的棉衣素材拖动到背景图层左侧。打开"图层样式"面板，设置投影的不透明度为"60%"，并设置大小为"10像素"，效果如图5-36所示。

步骤 03 选择"横排文字工具" T 分别输入"促销价""790""元"文字，并设置字体为"思源黑体 CN"，调整文字大小。选择"790"文字图层，设置文字颜色为"#877037"；双击该图层右侧的空白区域，打开"图层样式"对话框，单击选中"描边"复选框，设置描边的不透明度为"60%"，大小为"1像素"，单击选中"投影"复选框，设置大小为"5像素"，单击 确定 按钮。效果如图5-37所示。

步骤 04 选择"横排文字工具" T，输入"新款加厚中长款棉服"和"冬季必备御寒保暖"文字，设置字体为"思源黑体 CN"，然后调整文字大小。在"新款加厚中长款棉服"下层绘制矩形，并设置填充颜色为"#030303"，并将文字颜色设置为"#fafbfd"。在文字下方绘制一个300像素×200像素的矩形，并设置填充颜色为"#a89b7c"、不透明度为"40%"。完成后在背景图层右下角绘制一个280像素×170像素的矩形，并设置填充颜色为"#877037"。

步骤 05 在矩形中输入"双11优惠价"和"全场包邮"文字，并将"双11优惠价"文字加粗显示，调整文字大小。第1张棉衣主图效果如图5-38所示，将其存储为JPG格式。

图5-36 添加素材　　　　图5-37 输入并设置促销文字　　　　图5-38 第1张棉衣主图效果

步骤 06 使用相同的方法，制作"棉衣主图2""棉衣主图3""棉衣主图4""棉衣主图5"图像文件，效果如图5-39所示。

图5-39 制作其他主图

↘ 5.1.6 制作主图视频

棉衣主图视频主要采用图片拼接的方式进行制作，在制作时可先添加需要的图片，然后添加转场效果和文字，使整个视频更加连贯。具体操作如下。

步骤 01 打开剪映视频剪辑软件，在界面上方单击"开始创作"按钮➕，打开剪映视频剪辑界面。

步骤 02 单击"媒体"选项卡，在左侧列表中选择"素材库"选项卡，在下方选择"热门"选项，在右侧列表中单击第1排第2个媒体样式，单击⬇按钮，下载文字，然后单击➕按钮，为视频添加白色背景，如图5-40所示。

步骤 03 选择"本地"选项卡，在左上角单击"导入"按钮➕，打开"请选择媒体资源"对话框。选择"棉衣视频素材"中的所有素材文件，单击 打开(O) 按钮，界面左上角显示了导入的图片。将图片拖动到时间轴上，如图5-41所示。

图5-40 添加素材

图5-41 添加图片

步骤 04 在"项目时间轴"面板中将时间指针拖动至开始位置，单击"文本"选项卡，在左侧列表中选择"文字模板"选项，在下方选择"好物种草"选项，在右侧列表中选择"开箱VLOG"文字模板，单击⬇按钮，下载文字模板，然后单击➕按钮，如图5-42所示。

步骤 05 在右侧的"文本"面板中的第3段文本框中输入"多功能户外外套"文字，然后在"位置大小"栏中设置缩放为"68%"，如图5-43所示。

步骤 06 在展示区域中拖动文字框到右上角，将时间指针拖动至"00:00:05:17"位置。单击"文字"选项卡，在左侧列表中选择"文字模板"选项卡，在下方选择"片中序幕"选项，在右侧列表中选择第3个文字模板，单击⬇按钮，下载文字，然后单击➕按钮。在右侧的"文本"面板中的第1段文本框中输入"外壳功能层防风防雨"文字，然后在"位置大小"栏中设置缩放为"55%"，单击 保存预设 按钮，如图5-44所示。

步骤 07 使用与前面相同的方法，在"00:00:10:23""00:00:15:22""00:00:20:26"位置，分别输入"放大细节品质看得见""防风魔术贴""防风松紧绳"文字，效果如图5-45所示。

图5-42 选择文字模板

图5-43 输入文字

图5-44 输入其他文字

图5-45 添加其他文字

步骤 08 将时间指针拖动至第1张图片和第2张图片之间，单击"转场"选项卡，在左侧列表中选择"转场效果"选项，在下方选择"热门"选项，在右侧列表中单击第1排第1个转场样式，单击 按钮，下载样式，然后单击 按钮，为视频添加转场效果，如图5-46所示。在右侧"转场参数"面板中，设置时长为"1.3s"。

步骤 09 使用相同的方法，在其他3张图片之间均添加"炫光"转场效果，如图5-47所示，使其转场自然。

图5-46 添加转场

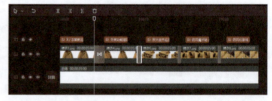
图5-47 添加其他转场

步骤 10 在操作界面右侧单击 导出 按钮，打开"导出"对话框，填写作品名称，这里设置标题为"棉衣主图视频"，选择导出位置后，单击 导出 按钮完成导出操作。导出完成后，打开保存视频的文件夹可查看保存的视频，效果如图5-48所示。

图5-48 完成后的视频效果

图5-48　完成后的视频效果（续）

↘ 5.1.7　设计详情页

本案例中的棉衣具有可拆卸两件套、防水、防风、保暖、透气、多色可选等特点。在设计详情页时可通过制作焦点图、详细参数、商品卖点、商品亮点等板块体现这些特点。具体操作如下。

步骤 01 新建一个名称为"棉衣详情页"，尺寸为"750像素×7100像素"，分辨率为"72像素/英寸"的图像文件。

步骤 02 打开"棉衣1.jpg"素材文件，将其拖动到"棉衣详情页"文件中，调整大小和位置。选择"横排文字工具" T ，输入文字，设置字体为"思源黑体 CN"，文字颜色为"#000203"，调整文字大小和位置。

步骤 03 选择"圆角矩形工具" ，设置填充颜色为"#000000"，半径为"20像素"，在"多功能户外外套"文字下层绘制圆角矩形，并将"多功能户外外套"文字颜色修改为"#ffffff"。

步骤 04 使用"直线工具" 在"拆卸"文字下方绘制一条颜色为"#000000"、粗细为"5像素"的直线，效果如图5-49所示。

步骤 05 打开"棉衣2.jpg""棉衣3.jpg""棉衣4.jpg"素材文件，将其拖动到"棉衣详情页"文件中，调整大小和位置；选择"横排文字工具" T ，输入文字，设置字体为"思源黑体 CN"，文字颜色为"#000203"，调整文字大小和位置。效果如图5-50所示。

步骤 06 使用"自定形状工具" 在中间文字的上方绘制3个形状样式为"箭头20"、颜色为"#000000"的形状，效果如图5-51所示。

步骤 07 选择"横排文字工具" T ，输入产品参数文字，设置字体为"思源黑体 CN"，字体颜色为"#121111"，调整文字大小、字体样式、位置。

步骤 08 使用"直线工具" 绘制8条颜色为"#000000"、粗细为"2像素"的直线。

步骤 09 选择"矩形工具" ，在工具属性栏中设置填充颜色为"#eeeeee"，在"适中""宽松""无弹力""偏厚"文字下层绘制大小为"100像素×40像素"的矩形，效果如图5-52所示。

步骤 10 打开"棉衣5.jpg""棉衣6 .jpg"素材文件，将其拖动到文字下方，调整大小和位置；选择"横排文字工具" T ，输入文字，设置字体为"思源黑体 CN"，调整文字大小、位置和颜色。效果如图5-53所示。

步骤 11 打开"棉衣7.jpg""棉衣8 .jpg"素材文件，将其拖动到合适位置，调整大小和位置；选择"横排文字工具" T ，输入文字，设置字体为"思源黑体 CN"，调整文字大小、位置和颜色。效果如图5-54所示。完成详情页的制作。

图5-49　绘制直线

图5-50　添加素材并输入文字

图5-51　绘制形状

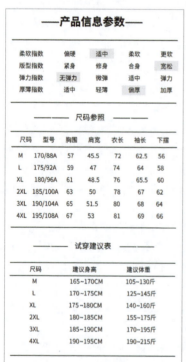

图5-52　绘制矩形

图5-53　添加素材并输入文字1

图5-54　添加素材并输入文字2

↘ 5.1.8　举一反三

1. 制作移动端西裤轮播图片

本练习将制作移动端西裤轮播图片，在制作时先制作背景部分，然后绘制形状，再输入文字内容，并对文字进行编辑，效果如图5-55所示。

图5-55　移动端西裤轮播图片效果

2. 制作PC端女装轮播图片

本练习将制作PC端女装轮播图片，先制作背景部分，并添加女装模特图像，然后输入并装饰说明文字，效果如图5-56所示。

图5-56　PC端女装轮播图片效果

3. 制作男装主图

本练习将制作男装主图，其中第1张主图主要体现商品卖点，其他4张主图则是对男装的颜色、不同的面进行展示，方便消费者了解商品信息，效果如图5-57所示。

图5-57　男装主图效果

任务2　家居用品类网店设计

家居用品是指家具、床上用品、厨卫用具、室内配饰及其他家庭日常生活需要的商品。下面将以"特屿森"家居用品网店为例，具体讲解家居用品类网店中店标、店招、轮播图片、主图、主图视频、详情页的设计方法。

↘ 5.2.1　网店背景与设计思路

"特屿森"是一家家居用品网店，致力于向消费者传达保护大自然、呵护树木的品牌理念，让消费者欣赏到"绿色之美"。其商品主要以实木家具和新疆棉制品为主：实木家具由天然木材制成，每一件都经过精心设计和制作，以确保高品质和耐用性；新疆棉制品则以优质的天然棉花为原料，具有柔软、舒适和耐用的特点。

"特屿森"网店准备对店铺的店标、店招、轮播图片、主图、主图视频、详情页重新进行设计，以提升网店形象。在进行案例设计前需要梳理制作思路。

● 店标设计。"特屿森"网店的品牌理念为环保、绿色，为了让消费者能更好地感受到品牌理念，在设计店标时，可以通过树苗塑造出绿色和安全感。

● 店招设计。"特屿森"网店主打绿色、自然，因此其店招可以绿色为主色，搭配品牌理念和服务保障信息，以加深消费者对品牌的印象和提升对品牌的好感。

● 轮播图片设计。轮播图片包括PC端和移动端两个部分，每个部分包括4类商品，分别是储物盒、羽绒被、枕头、棉质沙发椅。在设计时可以商品颜色为主色，使商品与背景统一。此外，还可添加卖点文字使消费者直观地了解商品卖点，从而促进消费者购买。

● 主图设计。为实木柜制作主图，共包括5张主图。第1张主图要有代入感，可选择实木柜的使用场景为背景。此外，还要体现实木柜的卖点"选自大自然优质实木""优质实木/简约设计/大容量/光滑表面/结实"等。其余4张主图主要是细节展示，方便消费者了解商品细节。

● 主图视频制作。为实木柜制作主图视频，在其中体现家具的做工、生产过程等。

● 详情页设计。为实木柜制作详情页，详细展示实木柜的信息，可按照焦点图、卖点说明图、信息展示图的顺序进行制作。

↘ 5.2.2　设计店标

"特屿森"店标的小树苗元素可以使用钢笔工具绘制而成，颜色填充为绿色，体现店铺绿色、环保的品牌理念，然后添加店铺名称，便于识别。具体操作如下。

扫一扫

设计店标

步骤 01　新建大小为"120像素×120像素"、背景内容为"白色"、名称为"特屿森店标"的图像文件。

步骤 02　使用"钢笔工具" 绘制一个树叶选区，然后将选区填充为从"#4b940a"到"#036c20"的线性渐变颜色。

步骤 03　使用"椭圆工具" 绘制4个圆，设置填充颜色为"#4b940a"，效果如图5-58所示。

步骤 04　选择"横排文字工具" ，输入"特屿森"文字，设置字体为"汉仪菱心体简"，文字颜色为"#525252"，调整文字大小、字距和位置。在文字下方输入"FLAGSHIP STORE"文字，设置字体为"Arial"，完成网店店标设计，效果如图5-59所示。为了便于在不同场景中使用，还可更换店标的样式和颜色，效果如图5-60所示。保存图像，并保存为PNG格式。

图5-58　绘制圆

图5-59　店标效果

图5-60　其他样式和颜色

↘ 5.2.3　设计店招

在制作"特屿森"网店店招时，可先添加店标，然后输入店铺名称，最后添加质保信息和图标。具体操作如下。

步骤 01　新建大小为"950像素×120像素"、背景内容为"白色"、名称为"特屿森店招"的图像文件。

步骤 02　打开"特屿森店招1.psd""店招背景.jpg""图标1.png"～"图标3.png"素材图像，将店标、背景和图标依次拖动到店招中，调整位置和大小，效果如图5-61所示。

图5-61　添加素材并调整素材位置和大小

步骤 03　使用"圆角矩形工具"◻️在店标的右侧绘制填充颜色为"#ffffff"、半径为"20像素"、大小为"23像素×70像素"的圆角矩形。

步骤 04　选择"横排文字工具"Ｔ️，输入文字，设置字体为"思源黑体 CN"，文字颜色为"#ffffff"，调整文字大小、位置。选择"直排文字工具"ＩＴ️，在圆角矩形中输入"关注"文字，设置字体为"思源黑体 CN"，文字颜色为"#03594c"，调整文字大小、位置。

步骤 05　使用"自定形状工具"❖️在"关注"文字上方绘制样式为"红心"、颜色为"#03594c"的形状，完成店招的制作，效果如图5-62所示。

图5-62　店招效果

↘ 5.2.4　设计轮播图片

下面分别为储物盒、羽绒被、枕头、棉质沙发椅等商品设计PC端和移动端轮播图片。

1. 设计储物盒轮播图片

储物盒具有"大小尺寸可选，可折叠"的特点，在制作PC端和移动端轮播图片时，可根据储物盒的特点进行设计与制作。具体操作如下。

步骤 01 制作PC端储物盒轮播图片。新建大小为"950像素×250像素"、背景内容为"白色"、名称为"PC端储物盒轮播图片"的图像文件。

步骤 02 打开"储物盒（4）.jpg"文件和"储物盒（5）.jpg"文件，将其添加到新建的文件中，调整大小与位置；使用"矩形工具" ▣ 绘制一个大小为"345像素×250像素"、颜色为"#ffffff"的矩形，调整其位置到两个素材图像中间。效果如图5-63所示。

步骤 03 使用"横排文字工具" T 输入"Storage box"文字，设置字体为"Aachen BT"，文字颜色为"#676162"，调整文字大小和位置。

步骤 04 在文字下方输入"布艺收纳盒"文字，设置字体为"汉仪雅酷黑W"，文字颜色为"#676162"；再输入"大小尺寸可选，可折叠"文字，设置字体为"思源黑体 CN"，调整文字的颜色、位置与大小。效果如图5-64所示。

图5-63　添加素材并绘制矩形　　　　　　　　图5-64　输入并调整文字

步骤 05 选择"矩形工具" ▣，在文字右下角绘制一个大小为"88像素×25像素"、颜色为"#676162"的矩形，在矩形中输入"立即购买"文字，设置字体为"思源黑体 CN"，调整文字大小、位置和字距。继续输入"11.9元"文字，设置字体为"思源黑体 CN"，文字颜色为"#676162"，调整文字大小和位置，完成PC端储物盒轮播图片的制作，效果如图5-65所示。保存图像，并保存为JPG格式。

图5-65　PC端储物盒轮播图片效果

步骤 06 制作移动端储物盒轮播图片。新建名称、宽度、高度和分辨率分别为"移动端储物盒轮播图片""1200像素""600像素""72像素/英寸"的图像文件。

步骤 07　将背景图层填充为"#e8e4e5"颜色，打开"PC端储物盒轮播图片.psd"图像文件，将中间的文字和右侧的图片拖动到新建的文件中，调整大小和位置，完成移动端储物盒轮播图片的制作，效果如图5-66所示。

图5-66　移动端储物盒轮播图片效果

2. 设计羽绒被轮播图片

在设计羽绒被轮播图片时，添加能表现羽绒被材质和卖点的文字，如"纯棉羽绒被""多一个赖床的理由""纯棉轻薄透气"等，让轮播图片具备较强的美观性和吸引力。具体操作如下。

扫一扫

设计羽绒被轮播图片

步骤 01　制作PC端羽绒被轮播图片。新建大小为"950像素×250像素"、背景内容为"白色"、名称为"PC端羽绒被轮播图片"的图像文件。

步骤 02　将背景图层颜色填充为"#3e1808"，打开"羽绒被（6）.jpg"图像文件，使用"矩形选框工具" 选择上方的底纹背景图像，然后使用"移动工具" 将其拖动到新建的文件中，调整其大小、位置和角度。

步骤 03　为图层添加图层蒙版，使用从"#ffffff"到"#bebebe"的径向渐变颜色从中心到边缘进行填充，并设置不透明度为"70%"。

步骤 04　选择"矩形工具" ，设置描边颜色为"#ffffff"，描边大小为"5像素"，绘制大小为"800像素×214像素"的矩形，效果如图5-67所示。

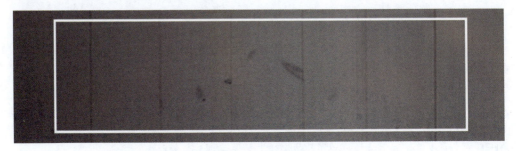

图5-67　绘制矩形

步骤 05 打开"羽绒被（6）.jpg"图像文件，使用"钢笔工具" 抠取羽绒被图像，然后使用"移动工具" 将其拖动到轮播图片右侧，调整其大小和位置。双击该图层右侧的空白区域，打开"图层样式"对话框，单击选中"投影"复选框，保持默认设置不变，单击 确定 按钮。

步骤 06 选择"横排文字工具" ，输入文字，设置字体为"思源黑体 CN"，调整文字大小、位置、字体样式和间距，完成PC端羽绒被轮播图片的制作，效果如图5-68所示。

图5-68　PC端羽绒被轮播图片效果

步骤 07 制作移动端羽绒被轮播图片。新建大小为"1200像素×600像素"、背景内容为"白色"、名称为"移动端羽绒被轮播图片"的图像文件。

步骤 08 使用"钢笔工具" 绘制一个有起伏的形状，将其颜色填充为"#cbd0e5"，设置图层不透明度为"43%"。为图层添加图层蒙版，使用从"#bebebe"到"#ffffff"的渐变颜色填充形状的下半部分，使其形成渐隐效果，如图5-69所示。

步骤 09 选择"矩形工具" ，设置填充颜色为"#3f587a"，绘制大小为"460像素×460像素"的矩形；复制该矩形，将复制后的矩形颜色修改为"#e8e4e4"，调整矩形位置，形成投影叠加效果。效果如图5-70所示。

图5-69　绘制渐隐效果

图5-70　绘制、复制与调整矩形

步骤 10 添加"羽绒被（7）.jpg"文件到矩形内，调整大小和位置，创建剪贴蒙版。使用"钢笔工具" 绘制图5-71所示的形状，将其颜色填充为"#3f587a"。

步骤 11 选择"横排文字工具" ，输入文字，设置字体为"思源黑体 CN"，文字颜色为"#3f587a"，调整文字大小、位置、字体样式和间距。然后在"点击查看>>"文字下层绘制填充颜色为"#3f587a"、大小为"180像素×38像素"的矩形，并将"点击查看>>"文字颜色修改为"#ffffff"，完成移动端羽绒被轮播图片的制作，效果如图5-72所示。

图5-71 添加素材并绘制形状

图5-72 移动端羽绒被轮播图片效果

3. 设计枕头轮播图片

本例的枕头为纯棉面料，具有柔软亲肤的特点，在设计轮播图片时，可将这些特点及价格信息体现出来。由于素材整体较小，因此本例采用左右构图方式。具体操作如下。

步骤 01　制作PC端枕头轮播图片。新建名称、宽度、高度和分辨率分别为"PC端枕头轮播图片""950像素""250像素""72像素/英寸"的图像文件。

步骤 02　添加"枕头（7）.jpg"图像文件，调整到画面左侧。框选枕头右侧的背景区域，复制选区中的内容，按【Ctrl+T】组合键进入自由变换状态，向右水平拖动，使其平铺于背景上。新建图层，利用"多边形套索工具" 绘制一个规则选区，使其斜切图像，使用从"#ffffff"到"透明"的径向渐变颜色从右下角到左上角进行渐变填充，取消选区后效果如图5-73所示。

图5-73 制作背景

步骤 03　选择"矩形工具" ，绘制一个填充颜色为"#3f587a"、大小为"90像素×53像素"的矩形，将其移动到图像左上角。使用"横排文字工具" 输入"特屿森"文字，设置字体为"思源黑体CN"，调整文字的位置、大小、颜色和间距。

步骤 04　使用"直线工具" 在图像右侧中间区域绘制大小为"295像素×1.5像素"的水平线。使用"横排文字工具" 输入"三曲线记忆棉枕"文字，设置字体为"方正大黑简体"，文字颜色为"#585757"。输入"四季适用/慢回弹记忆棉/呵护颈椎"文字，设置字体为"思源黑体CN"，文字颜色为"#585757"，调整文字位置和大小。

步骤 05　在直线下方绘制3个大小为"22像素×22像素"的正方形，填充颜色分别为"#ffffff""#dddbda""#3f5974"。使用"横排文字工具" ，输入"49.9元""立即购买>>"文字，设置字体和文字颜色，调整文字大小和位置。

步骤 06 使用"矩形工具" 在"立即购买>>"文字下层绘制一个描边颜色为"#3f587a"、描边大小为"1.5像素"、大小为"127像素×29像素"的矩形，完成PC端枕头轮播图片的制作，效果如图5-74所示。

图5-74 PC端枕头轮播图片效果

步骤 07 制作移动端枕头轮播图片。新建名称、宽度、高度和分辨率分别为"移动端枕头轮播图片""1200像素""600像素""72像素/英寸"的图像文件。

步骤 08 设置前景色为"#d6d5d5"，按【Alt+Delete】组合键填充前景色。

步骤 09 新建图层，使用从"#ffffff"到"透明"的径向渐变颜色从中心到边缘填充图层。打开"枕头（2）.jpg"图像文件，使用"魔棒工具" 选择枕头图像，使用"移动工具" 将其移动到新建的文件中，并为其添加"投影"图层样式。打开"枕头（1）.jpg"图像文件，使用相同的方法将其添加到蓝色枕头的上方。

步骤 10 打开"PC端枕头轮播图片.psd"图像文件，将文字和装饰形状拖动到新建的文件左侧，调整大小和位置，完成移动端枕头轮播图片的制作，效果如图5-75所示。

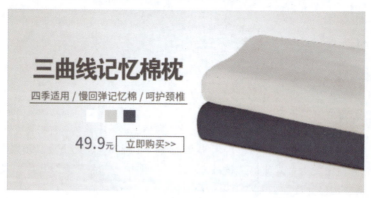

图5-75 移动端枕头轮播图片效果

4. 设计棉质沙发椅轮播图片

下面将针对棉质沙发椅进行轮播图片设计，在设计时可采用左文右图的方式，左侧为说明性文字，右侧为商品图片。具体操作如下。

步骤 01 制作PC端棉质沙发椅轮播图片。新建名称、宽度、高度和分辨率分别为"PC端棉质沙发椅轮播图片""950像素""250像素""72像素/英寸"的图像文件。

扫一扫

设计棉质沙发椅轮播图片

步骤 02　设置前景色为"#dfe2e5"，按【Alt+Delete】组合键填充前景色。

步骤 03　将"沙发椅.jpg"图像文件添加到轮播图片右侧，调整大小和位置。为图像添加图层蒙版，设置前景色为"#000000"。使用"画笔工具" ✐ 在沙发椅的左边缘进行涂抹，使图片与背景融合在一起。选择沙发椅图片，选择"仿制图章工具" ⎙，在左侧地毯区域按【Alt】键取样，然后向左拖动，使地毯向左延伸。

步骤 04　选择"横排文字工具" T，输入文字，设置字体为"思源黑体 CN"，文字颜色为"#3e3d39"，调整文字的大小和位置。选择"棉质沙发椅"文字，将字体修改为"汉仪菱心体简"，再在"点击查看"文字下层绘制填充颜色为"#414041"、大小为"124像素×30像素"的矩形，然后修改"点击查看"文字颜色为"#ffffff"，完成PC端棉质沙发椅轮播图片的制作，效果如图5-76所示。将文件存储为JPG格式。

图5-76　PC端棉质沙发椅轮播图片效果

步骤 05　制作移动端棉质沙发椅轮播图片。新建名称、宽度、高度和分辨率分别为"移动端棉质沙发椅轮播图片""1200像素""600像素""72像素/英寸"的图像文件。将"沙发椅.jpg"图像文件添加到图像中，调整大小和位置，并设置不透明度为"30%"。

步骤 06　选择"矩形工具" ▢，绘制填充颜色为"#9abab6"、大小为"550像素×340像素"的矩形，然后旋转矩形，并移动到图像左侧。使用相同的方法在该矩形的右侧绘制2个填充颜色为"#ffffff"的矩形，分别调整矩形的大小和位置，效果如图5-77所示。

步骤 07　复制沙发椅所在图层，将其拖动到图层顶部，调整大小和位置，并将不透明度修改为"100%"，按【Ctrl+Alt+G】组合键创建剪贴蒙版。

步骤 08　打开"PC端棉质沙发椅轮播图片.psd"图像文件，将文字和装饰形状拖动到新建的文件中，调整大小和位置，完成移动端棉质沙发椅轮播图片的制作，效果如图5-78所示。

图5-77　绘制并调整矩形

图5-78　移动端棉质沙发椅轮播图片效果

↘ 5.2.5 设计主图

扫一扫

设计主图

在设计实木柜主图时，可将实木柜的优点，如结实、优质等体现出来，还可体现简约设计、大容量、光滑表面等信息，以吸引消费者。在设计时可采用上下构图，在画面左上角添加店标，在画面下方输入优惠信息，便于消费者查看。具体操作如下。

步骤 01 新建名称、宽度、高度分别为"实木柜主图""800像素""800像素"的图像文件。

步骤 02 添加"实木柜主图.jpg"图像文件，调整图像大小和位置。选择"矩形工具" ▭ ，绘制填充颜色为"#ffffff"、大小为"250像素×80像素"的矩形，并设置不透明度为"70%"。打开"特屿森店标.png"图像文件，将其拖动到矩形内，效果如图5-79所示。

步骤 03 选择"矩形工具" ▭ ，沿着主图的边框绘制一个矩形，设置描边大小为"14像素"，描边颜色为"黑色"。栅格化图层后，打开"图层样式"对话框，单击选中"渐变叠加"复选框，设置渐变颜色为从"#7a19ff"到"#1995ff"再到"#ff1ef7"的线性渐变，渐变角度为"90度"，缩放为"150%"，单击 确定 按钮，效果如图5-80所示。

步骤 04 使用"圆角矩形工具" ▭ 绘制一个填充颜色为"#ffffff"、大小为"706像素×96像素"的圆角矩形。打开"图层样式"对话框，单击选中"渐变叠加"复选框，设置渐变颜色为从"#7a19ff"到"#8b58ff"再到"#ff1ef7"的线性渐变，渐变角度为"90度"，缩放为"150%"，单击 确定 按钮。

步骤 05 绘制一个大小为"465像素×29像素"的圆角矩形，打开"图层样式"对话框，单击选中"描边"复选框，设置描边大小为"4像素"，位置为外部，描边颜色为"#7d49ff"，单击 确定 按钮，效果如图5-81所示。

图5-79 添加店标　　　　图5-80 外边框效果　　　　图5-81 绘制圆角矩形1

步骤 06 使用"椭圆工具" ⬭ 绘制一个填充颜色为"#000000"、大小为"180像素×180像素"的圆，复制步骤04中的"渐变叠加"图层样式到该图层上，修改渐变角度为"105度"。

步骤 07 绘制填充颜色为"#ffffff"、大小为"154像素×154像素"的圆，打开"图层样式"对话框，单击选中"内阴影"复选框，设置距离为"0像素"，大小为"10像素"，单击 确定 按钮，效果如图5-82所示。

步骤 08 使用"圆角矩形工具" ▭ 绘制一个大小为"110像素×27像素"的圆角矩形，将步骤04中的"渐变叠加"图层样式复制到该图层上，修改渐变角度为"180度"，效果如图5-83所示。

步骤 09 选择"横排文字工具"，输入"选自大自然优质实木"文字，设置字体为"思源黑体CN"，修改"实木"字体样式为"Bold"。输入"优质实木/简约设计/大容量/光滑表面/结实""·活动价·""1249""元"文字，设置字体为"思源黑体CN"，调整文字位置、大小和颜色，完成第1张主图的制作，效果如图5-84所示。

图5-82　为圆添加内阴影　　　　图5-83　绘制圆角矩形2　　　　图5-84　第1张实木柜主图效果

步骤 10 制作实木柜其他主图。使用相同的方法，制作"实木柜主图2""实木柜主图3""实木柜主图4""实木柜主图5"图像文件，效果如图5-85所示。

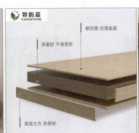

图5-85　制作其他主图

↘ 5.2.6　制作主图视频

实木柜主图视频主要体现实木柜的工艺，制作时需要先查看并分析提供的素材，再分割视频素材，删除多余的视频片段，然后添加说明性文字，从而完整、流畅地展示实木柜的制作场景。具体操作如下。

步骤 01 打开剪映视频剪辑界面，在左上角单击"导入"按钮，打开"请选择媒体资源"对话框。选择"实木柜素材.mp4"素材文件，单击"打开(O)"按钮，界面左上角显示了导入的视频。将视频拖动到时间轴上，方便进行视频编辑。

步骤 02 将时间指针移动到视频片头，在左上角单击"音频"选项卡，在下方的列表中选择"纯音乐"右侧的第2个选项，单击其下方的按钮，下载音频，然后单击按钮，将音频添加到轨道中，如图5-86所示。

步骤 03　在"项目时间轴"面板中将时间指针拖动至"00:00:52:21"位置，按【Ctrl+B】组合键分割音频，如图5-87所示。选择第2段音频，按【Delete】键删除。

图5-86　添加音频　　　　　　　　　图5-87　分割音频

步骤 04　在"项目时间轴"面板中将时间指针拖动至视频开头位置，单击"文本"选项卡，在左侧列表中选择"简约"选项，在右侧列表中单击"春日浪漫"文字模板，单击■按钮，下载文字，单击■按钮，将文字模板添加到轨道中，如图5-88所示。

步骤 05　在右侧的"文本"面板中的第1段文本框中输入"选自大自然优质实木"文字，第2段文本框中输入"nature"文字，单击 保存预设 按钮，如图5-89所示。

图5-88　添加文字模板　　　　　　　　图5-89　输入文本

步骤 06　在时间轴上选择添加的文字模板，将鼠标指针移动到文字右侧，当鼠标指针呈 状态时，向左拖动调整文字的持续时间，这里将时间调整到"00:00:06:28"位置，如图5-90所示。

步骤 07　将时间指针拖动至"00:00:19:19"位置，单击"文本"选项卡，在左侧列表中选择"字幕"选项，在右侧列表中单击第7个文字模板，单击■按钮，下载文字模板，在右上方的"文本"面板中的文本框中输入"精致工艺 细节决定商品的品质"文字，并将文字位置调整到左上方，效果如图5-91所示。

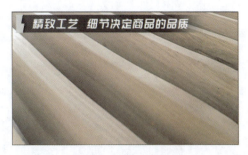

图5-90　调整时间　　　　　　　　　　　图5-91　调整文字位置

步骤 08　在操作界面右侧单击 导出 按钮，打开"导出"对话框，填写作品名称，选择导出位置后，单击 导出 按钮完成导出操作。导出完成后，打开保存视频的文件夹可查看保存的视频，视频效果如图5-92所示。

图5-92　完成后的视频效果

5.2.7　设计详情页

"特屿森"店铺最近的主推商品是实木柜，按照详情页的一般结构，依次制作焦点图、卖点说明图、信息展示图，将文字较多的信息展示图放置在详情页末尾，方便消费者浏览完卖点说明图后，仔细阅读商品参数。具体操作如下。

扫一扫
设计详情页

步骤 01　新建大小为"750像素×3438像素"，分辨率为"72像素/英寸"，名称为"实木柜详情页"的文件。置入"焦点图.jpg""光线.png"图片，并调整大小和位置，效果如图5-93所示。

步骤 02　在"图层"面板底部单击"创建新的填充或调整图层"按钮 ，在打开的下拉列表中选择"自然饱和度"选项，新建"自然饱和度"调整图层，设置自然饱和度为"+25"，饱和度为"+100"，效果如图5-94所示。

步骤 03　使用"横排文字工具" 输入4排文字，设置字体为"思源黑体 CN"，调整文字大小、位置、颜色和字体样式；在"简约风格双层实木柜"文字下层使用"矩形工具" 绘制填充色为"#036151"的矩形；使用"直线工具" ，在"简约的设计 优质的选材""特屿森旗舰店"文字上方分别绘制装饰线。效果如图5-95所示。

　　图5-93　添加并调整素材　　　　图5-94　调整自然饱和度　　图5-95　输入文字并绘制矩形和装饰线

步骤 04　使用"横排文字工具" T 输入文字，设置字体为"思源黑体 CN"，调整文字大小、位置、颜色和字体样式；使用"直线工具" ✐ 在"商品卖点"文字下方绘制黑色装饰斜线。

步骤 05　使用"矩形工具" ▢ 绘制填充颜色为"#f1f1f1"、大小为"684像素×297像素"的矩形，再在矩形左侧绘制填充颜色为"#036151"、大小为"298像素×269像素"的矩形，在第2个矩形右侧使用"钢笔工具" ✐ 绘制图5-96所示的形状。

步骤 06　置入"抽屉.jpg"图片并调整大小和位置，创建为左侧小矩形的剪贴蒙版。使用"横排文字工具" T 输入文字，字体为"思源黑体 CN"，调整文字大小、位置、颜色，使用"直线工具" ✐ 绘制装饰线，效果如图5-97所示。

　　　图5-96　绘制形状　　　　　　　图5-97　输入文字并绘制装饰线

步骤 07　将步骤05～步骤06涉及的图层整理成组，复制两次图层组，调整位置并修改文字内容。

步骤 08　置入"圆角.jpg"图片，并调整大小和位置。复制图层，将图片分别移动到其他两个矩形中，调整大小和位置，并创建剪贴蒙版，效果如图5-98所示。

步骤 09　将卖点说明图的标题创建为图层组，复制该图层组并调整位置，修改文字内容。

步骤 10　使用"横排文字工具" 🅣 输入商品信息，并设置字体为"思源黑体 CN"，调整文字大小、位置和颜色；使用"矩形工具" ▣ 绘制4个684像素×52像素的矩形，并设置填充颜色为"#036151"，调整矩形的位置，方便突显文字。效果如图5-99所示。

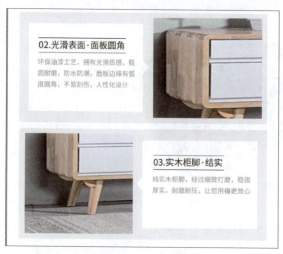

图5-98　创建剪贴蒙版

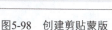

图5-99　输入商品信息并绘制矩形

步骤 11　选择"矩形工具" ▣，在图像编辑区底部绘制等宽的矩形，并设置填充颜色为"#036151"。

步骤 12　使用"矩形工具" ▣ 绘制213像素×167像素、213像素×36像素的矩形。置入"环保.png"图片，调整图像大小和位置。打开"图层样式"对话框，单击选中"投影"复选框，设置不透明度为"28%"，单击 确定 按钮。

步骤 13　使用"横排文字工具" 🅣 输入文字，使用"直线工具" ⟋ 绘制装饰线，效果如图5-100所示。

步骤 14　使用步骤12～步骤13的方法绘制矩形并输入文字，依次置入"油漆.png""耐用.png"图片，调整大小和位置，并对"耐用"图像添加"投影"图层样式，效果如图5-101所示，完成详情页的制作。

图5-100　输入文字并绘制装饰线

图5-101　制作其他模块

↘ 5.2.8 举一反三

1. 制作PC端浴室地垫轮播图片

本练习将为浴室地垫制作PC端轮播图片。在制作时先制作浴室地垫轮播图片的背景，再添加相关的图像和效果，并在左侧输入文字内容，效果如图5-102所示。

图5-102 PC端浴室地垫轮播图片效果

2. 制作三件套主图

本练习将制作三件套主图，共有5张。第1张主图主要展现卖点，如"全棉被套/多色可选/不起球/不褪色"等，起到吸引消费者注意的作用；其他4张主图为商品展示图片，主要用于展示细节。效果如图5-103所示。

图5-103 三件套主图效果

3. 制作移动端浴室地垫轮播图片

本练习将制作移动端浴室地垫轮播图片。在制作时先绘制相关的形状，然后添加素材，再输入并编辑文字内容，效果如图5-104所示。

图5-104 移动端浴室地垫轮播图片效果

任务3　箱包类网店设计

箱包主要用于携带所需用品，选择合适的箱包可以为日常出行、旅游、工作等提供方便。下面将以"UWLM"箱包网店为例，以旅行箱、手提包、斜挎包等商品作为设计对象，具体讲解箱包类网店中店标、店招、轮播图片、主图、主图视频、详情页的设计方法。

5.3.1　网店背景与设计思路

"UWLM"是一家专注于高品质箱包销售的网店。该网店秉承精湛的工艺和设计理念，以满足消费者对时尚、实用和品质的追求为宗旨，销售范围涵盖了各类男女包、旅行箱等商品，其中旅行箱和各类女包深受消费者喜爱。

"UWLM"网店准备对店铺的店标、店招、轮播图片、主图、主图视频、详情页重新进行设计，以提升网店形象。在进行案例设计前需要梳理制作思路，方便设计。

● 店标设计。由于"UWLM"主营商品为箱包，并且追求简约、时尚，因此，在设计店标时，可在"UWLM"文字的基础上进行设计，并添加与箱包相关的元素，体现网店的主营商品。

● 店招设计。店招可采用斜条纹作为背景底纹，并通过对店铺名称、收藏夹的文字美化，以及提供促销信息，体现店铺的时尚感。

● 轮播图片设计。轮播图片包括PC端和移动端两个部分，每个部分包括4类商品，分别是旅行箱、手提包、粉色挎包、斜挎包。在设计时可采用与商品同色调的颜色进行设计，使整个色调更加统一。除此之外，还可以通过卖点文字与商品图片表达主题，同时对优惠信息进行集中展现以体现优惠内容。

● 主图设计。为旅行箱制作主图，共包括5张主图。第1张主图主要是介绍商品的卖点，如顺丰包邮、优惠5元、2023年新品等，并介绍到手价格。其余4张主图可以直接展示其他颜色的旅行箱。

● 主图视频制作。为旅行箱制作主图视频，在制作时分析提供的素材，可从旅行箱的材质、纹理，以及拉杆、滚轮的品质等方面展示商品，并添加声音渲染视频效果。

● 详情页设计。为旅行箱制作详情页，在设计时可根据"焦点图—设计理念—产品参数—产品展示—产品细节"的流程设计详情页。

5.3.2　设计店标

"UWLM"店标主要是在店名的基础上进行设计，在设计时先对文字进行美化，并添加箱包元素，来体现网店的主营商品。具体操作如下。

步骤 01　新建大小为"120像素×120像素"、背景内容为"白色"、名称为"UWLM店标"的图像文件。

步骤 02　选择背景图层，设置前景色为"#0f224c"，按【Alt+Delete】组合键填充前景色。设置前景色为"#123a9a"，使用"画笔工具" ▨ 在图像中央绘制浅蓝色。

步骤 03　输入"UWLM"文字，设置字体为"Dolce Vita"，文字颜色为"#ffffff"，调整文字大小和位置。选择文字所在图层，选择【文字】/【转换为形状】命令，将文字转化为形状。选择"钢笔工具""，按住【Ctrl】键不放，编辑"L"字母的外观，并在"L"字母上绘制箱包图形，设置填充颜色为"#ffffff"。

步骤 04　输入"与包同行"文字，设置字体为"方正兰亭纤黑_GBK"，文字颜色为"#ffffff"，调整文字大小和位置。为两排文字添加颜色为"#ffffff"的投影，设置角度为"120"，距离和大小为"1像素"，效果如图5-105所示。

步骤 05　为了便于在不同场景中使用，还可将店标修改为其他颜色，并添加矩形框等，如图5-106所示。

图5-105　店标效果

图5-106　其他店标样式

↘ 5.3.3　设计店招

在制作"UWLM"网店店招时，先填充底纹，再制作收藏图片并对店铺名称进行编写。具体操作如下。

扫一扫

设计店招

步骤 01　新建大小为"950像素×120像素"、背景内容为"白色"、名称为"UWLM店招"的图像文件。

步骤 02　打开"斜线.jpg"素材图像，将其拖动到店招中，调整位置和大小。打开"UWLM店标2.psd"素材图像，将店标拖动到图像中，调整位置和大小，效果如图5-107所示。

步骤 03　选择"矩形工具"，在店标右侧绘制大小为"95像素×50像素"、填充颜色为"#928e8e"的矩形；再选择"矩形工具"，取消填充，设置描边颜色为"#928e8e"、描边粗细为"1.5点"，在矩形的外侧绘制矩形框。

步骤 04　选择"横排文字工具"，在矩形中输入"收藏""COLLECTION"文字，设置字体为"方正品尚黑简体"，调整文字大小和位置，效果如图5-108所示。

图5-107　添加店标

图5-108　输入并调整文字

步骤 05　打开"店招素材1.png""店招素材2.png"素材文件，将其中的箱包拖动到店招右侧，调整位置和大小。

步骤 06　在箱包的右侧输入相关的促销文字，并设置字体为"思源黑体 CN"，调整文字大小和位置，再在"点击查看"文字下层绘制颜色为"#ff0000"的矩形，并将文字颜色修改为"#ffffff"。使用相同的方法，在其他箱包的右侧输入文字，效果如图5-109所示。

图5-109　店招效果

5.3.4　设计轮播图片

分别为旅行箱、手提包、粉色挎包、斜挎包等商品设计PC端和移动端轮播图片。

1. 设计旅行箱轮播图片

在设计旅行箱轮播图片时，可将三角形和街景相融合，并添加具有现代感的旅行箱和文字，让画面变得更具现代感。具体操作如下。

步骤 01　制作PC端旅行箱轮播图片。新建大小为"950像素×250像素"、背景内容为"白色"、名称为"PC端旅行箱轮播图片"的图像文件。新建图层，设置前景色为"#878788"，按【Alt+Delete】组合键填充前景色。

步骤 02　打开"海报背景.jpg"素材文件，将其拖动到新建的文件中，调整大小和位置，并设置不透明度为"50%"。

步骤 03　新建图层，设置前景色为"#4a4848"，选择"钢笔工具" ，在左下角绘制形状，按【Ctrl+Enter】组合键将其转换为选区，并按【Alt+Delete】组合键填充选区。再次新建图层，使用相同的方法再次绘制形状并填充选区，完成后设置图层不透明度为"80%"，效果如图5-110所示。

图5-110　绘制形状并设置不透明度

步骤 04　打开"旅行箱素材1.png"～"旅行箱素材7.png"素材文件，将其拖动到新建的文件中，调整图像位置和大小。

步骤 05　选择"椭圆工具" ，在大的旅行箱下方绘制椭圆，并在绘制的椭圆图层上方右击，在弹出的快捷菜单中选择"栅格化图层"命令，栅格化图层。选择【滤镜】/【模糊】/【高斯模糊】命令，打开"高斯模糊"对话框，设置半径为"25像素"，单击　确定　按钮制作旅行箱阴影。

步骤 06　将阴影图层拖动到旅行箱的下层，效果如图5-111所示。

图5-111 制作阴影

步骤 07 选择"矩形工具" ，在工具属性栏中设置描边颜色为"#ffffff"，描边粗细为"5像素"，在图像编辑区中央绘制矩形框，使用相同的方法在矩形框内部绘制矩形，效果如图5-112所示。

步骤 08 选择"横排文字工具" T ，设置字体为"方正兰亭中粗黑_GBK"，字体颜色为"#030000"，在白色矩形中输入"时尚艺术"文字，并调整文字大小和位置。在文字下方输入"SUITCASE FASHION ART"文字，设置字体为"Britannic Bold"。

步骤 09 选择"矩形工具" ，在工具属性栏中设置描边颜色为"#030000"，描边粗细为"1点"，在文字下方绘制矩形框，使用相同的方法在矩形框内部绘制矩形，并设置矩形的颜色为"#e7211a"。在矩形中输入"精致时尚有内涵"文字，设置字体为"方正兰亭刊黑_GBK"，字体颜色为"#ffffff"，效果如图5-113所示。

<table>
<tr><td style="text-align:center">图5-112 绘制矩形</td><td style="text-align:center">图5-113 输入文字</td></tr>
</table>

步骤 10 选择"矩形工具" ，设置填充颜色为"#e71f19"，在大的矩形框下方绘制165像素×25像素的矩形。选择"横排文字工具" T ，设置字体为"方正兰亭中黑_GBK"，字体颜色为"#ffffff"，完成PC端旅行箱轮播图片的制作，效果如图5-114所示。

图5-114 PC端旅行箱轮播图片效果

步骤 11 制作移动端旅行箱轮播图片。新建名称、宽度、高度和分辨率分别为"移动端旅行箱轮播图片""1200像素""600像素""72像素/英寸"的图像文件。

步骤 12 将背景图层填充为"#e8e4e5"颜色，打开"PC端旅行箱轮播图片.psd"图像文件，将其中的内容拖动到新建的文件中，调整大小和位置，完成移动端旅行箱轮播图片的制作，效果如图5-115所示。

图5-115 移动端旅行箱轮播图片效果

2. 设计手提包轮播图片

设计手提包轮播图片时，可提取模特衣服中的棕色，搭配浅棕色进行制作，设计出色彩和谐、视觉效果鲜明的手提包轮播图片。具体操作如下。

扫一扫

设计手提包轮播图片

步骤 01 制作PC端手提包轮播图片。新建大小为"950像素×250像素"、背景内容为"白色"、名称为"PC端手提包轮播图片"的图像文件。

步骤 02 选择背景图层，设置前景色为"#fceacb"，按【Alt+Delete】组合键填充前景色。

步骤 03 选择"直排文字工具" T，设置字体为"方正兰亭中黑简体"，字体颜色为"#8b3c2a"，在图像编辑区左侧输入文字，调整文字大小、位置和间距。

步骤 04 在背景中间绘制填充颜色为"#8b3c2a"、大小为"500像素×215像素"的矩形。打开"单肩包（4）.jpg""单肩包（5）.jpg"图像文件，使用"魔棒工具" 为商品创建选区。使用"移动工具" 将模特移动到矩形两侧，调整模特大小和位置。双击模特所在图层右侧的空白区域，打开"图层样式"对话框，单击选中"投影"复选框，设置颜色为"#8b3c2a"，角度为"160度"，距离为"14像素"，大小为"1像素"，不透明度为"15%"，单击 确定 按钮，效果如图5-116所示。

步骤 05 绘制两条不同粗细的斜线，并将斜线所在图层移动到人物图层的下方。输入4排文字，设置第1～3排文字字体为"方正兰亭纤黑_GBK"，第4排文字字体为"方正兰亭中黑简体"，文字和线条颜色为"#fceacb"。

步骤 06 在第3排文字下层绘制与文字同色的平行四边形，更改文字颜色为"#8b3c2a"。用矩形框串联价格信息，删除有文字部分的线段，完成PC端手提包轮播图片的制作，效果如图5-117所示。将文件存储为JPG格式。

图5-116 制作轮播图片背景

图5-117 PC端手提包轮播图片效果

步骤 07 制作移动端手提包轮播图片。新建名称、宽度、高度和分辨率分别为"移动端手提包轮播图片""1200像素""600像素""72像素/英寸"的图像文件。

步骤 08 选择背景图层，设置前景色为"#fceacb"，按【Alt+Delete】组合键填充前景色。使用"矩形工具"▣在背景的左侧绘制填充颜色为"#8b3e2a"、大小为"500像素×600像素"的矩形。

步骤 09 为"单肩包（4）.jpg"文件中的模特创建选区，并抠取模特到当前文件中，放置到左侧，调整大小和位置。双击素材所在图层右侧的空白区域，打开"图层样式"对话框，单击选中"投影"复选框，设置颜色为"#8b3d2b"，不透明度为"25%"，角度为"-11度"，距离为"29像素"，大小为"3像素"，单击 确定 按钮，效果如图5-118所示。

步骤 10 选择"矩形工具"▣，在背景的左上角绘制两个56像素×56像素的矩形，并设置填充颜色为"#ffffff"，不透明度为"50%"。在矩形中分别输入"知""秋"文字及其拼音，设置字体为"方正兰亭纤黑_GBK"，设置颜色为"#8b3d2b"。

步骤 11 选择"矩形工具"▣，设置描边颜色为"#ffffff"，描边粗细为"2像素"，在右侧绘制445像素×500像素的矩形框。

步骤 12 选择"横排文字工具"Ｔ，在右侧矩形框中输入图5-119所示的5排文字，从上到下依次设置字体分别为"方正兰亭纤黑_GBK""方正兰亭中黑简体""方正黑体简体""方正兰亭纤黑_GBK""方正兰亭中黑简体"。调整文字颜色为"#8b3d2b"，调整字号、字距和位置。在第3排和第4排文字下层分别绘制填充颜色为"#8b3c2a""#ffffff"的矩形，完成移动端手提包轮播图片的制作。将文件存储为JPG格式。

图5-118　制作轮播图片背景　　　　　图5-119　移动端手提包轮播图片效果

3. 设计粉色挎包轮播图片

本例中提供的粉色挎包，其肩带细、尺寸较小，属于甜美时尚风格。在设计轮播图片时，可以以"甜美时尚 休闲方包"为主题，搭配模特和商品素材，提升商品识别度和美观度。具体操作如下。

步骤 01　制作PC端粉色挎包轮播图片。新建大小为"950像素×250像素"、背景内容为"白色"、名称为"PC端粉色挎包轮播图片"的图像文件。

步骤 02　选择背景图层，设置前景色为"#f1f2f5"，按【Alt+Delete】组合键填充前景色。添加"斜挎包（7）.jpg""斜挎包（2）.jpg"文件到画面两侧，使用"橡皮擦工具" 擦除边缘，调整大小和位置，为"斜挎包（2）.jpg"图像添加投影效果。

步骤 03　在画面中间输入图5-120所示的5排文字，设置第1排、第2排和第4排文字字体为"方正兰亭纤黑_GBK"，第3排和第5排文字字体为"方正兰亭中黑简体"，调整文字颜色、位置和大小。

步骤 04　在第3排和第5排文字下层绘制填充颜色为"#d7847c"的矩形。

步骤 05　使用"直线工具" 在文字左下角和右上角绘制填充颜色为"#d7847c"的线条，用以装饰文字，完成PC端粉色挎包轮播图片的制作，效果如图5-120所示。将文件存储为JPG格式。

图5-120　PC端粉色挎包轮播图片效果

步骤 06　制作移动端粉色挎包轮播图片。新建大小为"1200像素×600像素"、背景内容为"白色"、名称为"移动端粉色挎包轮播图片"的图像文件。

步骤 07　新建图层，设置前景色为"#d8bdba"，按【Alt+Delete】组合键填充前景色，使用"减淡工具" 减淡右侧需要放置商品的部分背景区域。

步骤 08　添加"斜挎包（2）.jpg"文件中的商品到新建的文件中，调整大小和位置。双击粉色挎包所在图层右侧的空白区域，打开"图层样式"对话框，单击选中"投影"复选框，设置颜色为"#d7847c"，角度为"71度"，距离为"4像素"，扩展为"5%"，大小为"7像素"，单击 确定 按钮，为粉色挎包添加投影，效果如图5-121所示。

步骤 09　添加PC端粉色挎包轮播图片中的文字到左侧，调整大小，更改"NEW STYLE"的文字颜色为"#d7847c"。

步骤 10　选择"矩形工具" ▣ ，在背景边缘绘制描边粗细为"2像素"、描边颜色为"#e2a9a4"的矩形框，完成移动端粉色挎包轮播图片的制作，效果如图5-122所示。将文件存储为JPG格式。

图5-121　添加投影　　　　　　　　　图5-122　移动端粉色挎包轮播图片效果

4. 设计斜挎包轮播图片

在设计斜挎包轮播图片时，可采用手拿斜挎包的模特图片，然后搭配说明文字来展示，使效果简洁、时尚。具体操作如下。

步骤 01　制作PC端斜挎包轮播图片。新建大小为"950像素×250像素"、背景内容为"白色"、名称为"PC端斜挎包轮播图片"的图像文件。

步骤 02　设置前景色为"#eceff4"，按【Alt+Delete】组合键填充前景色。打开"斜挎包轮播图片素材.jpg"素材文件，将其拖动到"PC端斜挎包轮播图片"文件中，调整大小和位置。使用"橡皮擦工具" ✐ 擦除图片边缘，调整大小和位置，并创建剪贴蒙版。

步骤 03　选择"横排文字工具" T ，在图像的左侧输入"NEW ARRIVAL"和"6/12新品上市"文字，并设置字体为"思源黑体 CN"。继续使用"横排文字工具" T 输入其他文字，设置中文字体为"方正品尚黑简体"，英文字体为"方正楷体_GBK"，调整文字大小、颜色和位置。

步骤 04　选择"矩形工具" ▣ ，在"点击查看"文字下层绘制大小为"285像素×40像素"、颜色为"#2e2f35"的矩形，完成PC端斜挎包轮播图片的制作，效果如图5-123所示。

图5-123　PC端斜挎包轮播图片效果

步骤 05　制作移动端斜挎包轮播图片。新建名称、宽度、高度和分辨率分别为"移动端斜挎包轮播图片""1200像素""600像素""72像素/英寸"的图像文件。

步骤 06　将背景图层填充为"#eceff4"颜色，打开"PC端斜挎包轮播图片.psd"图像文件，将其中的内容拖动到新建的文件中，调整大小和位置。

步骤 07　选择"矩形工具"　，绘制1130像素×540像素的矩形，并设置描边颜色为"#030000"，描边大小为"3点"，完成移动端斜挎包轮播的制作，效果如图5-124所示。

图5-124　移动端斜挎包轮播图片效果

↘ 5.3.5　设计主图

本例主要为旅行箱制作主图，第1张主图主要展示促销内容，其他主图则展示不同颜色的旅行箱。在制作第1张主图时，中间区域为商品图片，上、下方为文字介绍；在制作其他主图时，可直接添加旅行箱图像和店标。具体操作如下。

步骤 01　新建名称、宽度、高度分别为"旅行箱主图""800像素""800像素"的图像文件。

步骤 02　打开并添加"旅行箱素材3.png"文件到新建的文件中，调整大小和位置，效果如图5-125所示。

步骤 03　选择"钢笔工具"　，在图像的右上角绘制图5-126所示的形状，并填充"#6c3d94"到"#914a99"的渐变颜色。选择"横排文字工具"　，输入"时尚热卖箱包"文字，设置字体为"方正兰亭中黑简体"，调整文字位置、大小和颜色。

步骤 04　选择"钢笔工具"　，在图像右下角绘制带弧度的形状，并填充"#e4b729"颜色，然后在下方绘制颜色为"#733b8c"的图形。选择"椭圆工具"　，在图形左侧绘制353像素×353像素的圆，并填充"#6c3d94"到"#914a99"的渐变颜色，效果如图5-127所示。

步骤 05　双击圆所在图层右侧的空白区域，打开"图层样式"对话框，单击选中"投影"复选框，设置角度为"120度"，距离为"1像素"，扩展为"0%"，大小为"1像素"，效果如图5-128所示。

图5-125 添加素材　　　　图5-126 绘制形状并输入文字　　　　图5-127 绘制其他形状

步骤 06　在绘制的形状中分别输入图5-129所示的价格、包邮和满减优惠等相关文字，设置字体为"方正兰亭中黑简体"。选择"199"文字，单击"仿粗体"按钮 **T**，调整文字字号、位置和大小。

步骤 07　选择"矩形工具"　，沿着主图边缘绘制矩形框，设置描边粗细为"8像素"，描边颜色为"#eaa51a"。在图层上右击，在弹出的快捷菜单中选择"栅格化图层"命令，按住【Ctrl】键单击矩形框所在图层的图层缩略图，载入选区。将前景色设置为"#7a3e94"，使用"画笔工具"　为边框填充"#733b8c"颜色，效果如图5-130所示。完成第1张旅行箱主图的制作，并存储为JPG格式。

图5-128 添加投影　　　　图5-129 输入文字　　　　图5-130 为边框填充颜色

步骤 08　制作旅行箱其他主图。使用相同的方法，制作"旅行箱主图2""旅行箱主图3""旅行箱主图4""旅行箱主图5"图像文件，效果如图5-131所示。

图5-131 制作其他主图

↘ 5.3.6　制作主图视频

扫一扫

制作主图视频

旅行箱主图视频主要体现旅行箱的品质，在制作时可通过添加视频和文字的方式体现旅行箱的材质、纹理，以及拉杆、滚轮的品质等，方便消费者了解旅行箱，最后添加声音，起到渲染视频氛围的作用。具体操作如下。

步骤 01　打开剪映视频剪辑界面，在左上角单击"导入"按钮╋，打开"请选择媒体资源"对话框。选择"旅行箱视频素材.mp4"素材文件，单击 **打开(O)** 按钮，界面左上角显示了导入的视频。将视频拖动到时间轴上，方便进行视频编辑。

步骤 02　在时间轴上选择视频，单击"变速"选项卡，设置时长为"30.0s"，增加视频时长，如图5-132所示。

步骤 03　将时间指针移动到视频开头位置，单击"音频"选项卡，在下方的列表中选择"纯音乐"右侧的第4个选项，单击其下方的↓按钮，下载音频，然后单击╋按钮，将音频添加到轨道中，如图5-133所示。

图5-132　设置视频时长

图5-133　添加音频

步骤 04　在"项目时间轴"面板中将时间指针拖动至"00:00:30:00"位置，按【Ctrl+B】组合键分割音频，如图5-134所示。选择第2段音频，按【Delete】键删除。

步骤 05　在"项目时间轴"面板中将时间指针拖动至视频开头位置，单击"文本"选项卡，在左侧列表中选择"文字模板"选项，在右侧列表中选择"立竿见影"文字模板，单击↓按钮，下载文字模板，单击╋按钮，如图5-135所示，将文字模板添加到轨道中。

步骤 06　在右侧的"文本"面板中的第1段文本框中输入"时尚旅行箱"文字，设置缩放为"140%"，如图5-136所示。

步骤 07　在时间轴上选择添加的文字模板，将鼠标指针移动到文字右侧，当鼠标指针呈↔状态时，向左拖动调整文字的持续时间，这里将时间调整到"00:00:05:14"位置，如图5-137所示，然后调整文字位置到左上角。

图5-134 分割音频

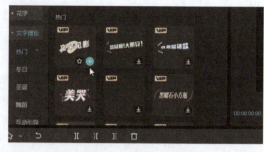

图5-135 添加文字模板

图5-136 输入文字

图5-137 调整文字模板的持续时间

步骤 08 将时间指针拖动至"00:00:11:00"位置，单击"文本"选项卡，在左侧列表中选择"字幕"选项，在右侧列表中选择第3个文字模板，单击 按钮，下载文字模板，在右侧的"文本"面板中的文本框中输入"tsa海关密码锁"文字，如图5-138所示，并将文字调整到左上角。

步骤 09 使用相同的方法，在"00:00:15:03"位置插入与步骤08相同的文字模板，输入"加厚铝镁合金拉杆"文字，调整文字在时间轴上的位置。在"00:00:23:00"位置插入文字模板，并输入"慢回弹提手"文字，调整文字在时间轴上的位置，效果如图5-139所示。

图5-138 输入"tsa海关密码锁"文字

图5-139 添加其他文字

步骤 10 在操作界面右侧单击 按钮，打开"导出"对话框，填写作品名称，选择导出位置后，单击 按钮完成导出操作。导出完成后，打开保存视频的文件夹可查看保存的视频，视频效果如图5-140所示。

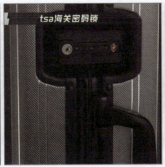

图5-140　完成后的视频效果

↘ 5.3.7　设计详情页

"UWLM"店铺最近的主推商品是旅行箱，按照详情页的设计思路依次制作焦点图、设计理念、产品参数、产品展示、细节展示板块，方便消费者了解旅行箱信息。具体操作如下。

步骤 01 新建大小为"750像素×5400像素"、分辨率为"72像素/英寸"、名为"旅行箱详情页"的文件，选择"钢笔工具" ，分别绘制图5-141所示的形状，并填充对应的颜色。

步骤 02 打开"旅行箱1.jpg"素材文件，将其置入最大的不规则形状中，调整其大小和位置，并设置不透明度为"80%"，然后创建剪贴蒙版，效果如图5-142所示。

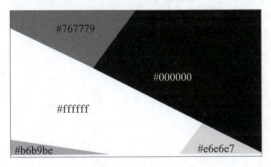

图5-141　绘制形状

图5-142　创建剪贴蒙版

步骤 03 打开"旅行箱2.png""旅行箱3.png"素材文件，将其中的箱包拖动到焦点图左侧，调整大小和位置。

步骤 04 在图像中输入图5-143所示的文字，并设置中文字体为"汉仪粗黑简"，英文字体为"Charlemagne Std"，调整文字大小和位置。

步骤 05 在旅行箱的右侧输入"3色可选："文字，设置字体为"方正兰亭刊黑_GBK"，字号为"15点"；然后在文字右侧绘制3个小的矩形，并设置颜色分别为"#c9c9c9""#bd4a4c""#000000"，完成焦点图的制作，效果如图5-144所示。

图5-143　输入文字

图5-144　焦点图效果

步骤 06　选择"矩形工具" ，在焦点图下方绘制颜色为"#c9c9c9"、大小为"750像素×76像素"的矩形；在中间区域输入"设计理念"文字，并设置字体为"汉仪中圆筒"，调整文字大小。完成后使用"直线工具" 在文字两侧绘制直线，并设置粗细为"5像素"。

步骤 07　选择"矩形工具" ，在焦点图下方绘制颜色为"#ececec"、大小为"750像素×540像素"的矩形。选择"椭圆工具" ，设置填充颜色为"#dedede"，按住【Ctrl】键不放，在矩形中绘制圆，完成后使用相同的方法，在圆内部再次绘制颜色为"#ffffff"的圆，效果如图5-145所示。

步骤 08　新建图层，选择"钢笔工具" ，绘制椭圆选区，并填充颜色为"#c0c0c0"，完成后单击"添加图层蒙版"按钮 创建图层蒙版，并使用"画笔工具" 对两边区域进行涂抹，完成圆弧的制作，效果如图5-146所示。

图5-145　绘制圆

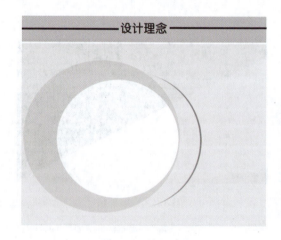
图5-146　绘制圆弧

步骤 09　打开"旅行箱4.png"～"旅行箱8.png"素材文件，将其中的箱包素材拖动到大圆中，将箱包细节素材拖动到圆弧上层，调整大小和位置。

步骤 10　在圆弧右侧输入文字，并设置字体为"思源黑体 CN"，调整文字大小和位置，效果如图5-147所示。

步骤 11　在圆下方输入文字，设置字体为"方正兰亭中黑_GBK"。选择"直线工具" ，在文字下方绘制一条直线，并设置描边颜色为"#aba9ac"，粗细为"1.5像素"，描边样式为"虚线"。

步骤 12 选择"椭圆工具" ，设置填充颜色为"#c9c9c9"，按住【Ctrl】键不放在虚线的下方绘制圆，完成后使用相同的方法，在圆的右侧绘制2个圆并分别填充"#84010d""#000000"颜色。

步骤 13 选择"圆角矩形工具" ，设置描边颜色为"#d7d7d7"，描边大小为"1像素"，绘制210像素×280像素的圆角矩形。再选择"椭圆工具" ，在圆角矩形左上角绘制圆，并在其中输入"银色"文字。使用相同的方法，绘制另外两个圆角矩形和圆，并设置颜色分别为"#84010d""#000000"，在圆中输入文字，效果如图5-148所示。

图5-147 输入文字

图5-148 绘制圆角矩形和圆并输入文字

步骤 14 打开"旅行箱9.png"～"旅行箱11.png"素材文件，将不同颜色的箱包拖动到对应的圆角矩形中，效果如图5-149所示，完成设计理念板块的制作。

步骤 15 复制"设计理念"标题栏，将其中的文字修改为"产品参数"。选择"横排文字工具" ，在工具属性栏中设置字体为"思源黑体 CN"，字号为"27点"，在左侧输入文字。

步骤 16 打开"旅行箱12.png"素材文件，将旅行箱素材拖动到"产品参数"右下方，效果如图5-150所示。

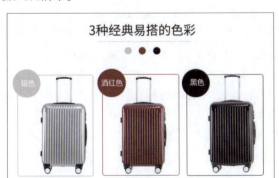

图5-149 添加素材

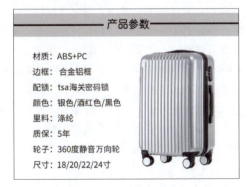

图5-150 添加旅行箱素材

步骤 17 选择"矩形工具" ，在文字下方绘制填充颜色为"#000000"、大小为"166像素×

158像素"的矩形；在矩形右侧绘制填充颜色为"#434343"、大小为"569像素×158像素"的矩形。选择"直线工具" ✏，在矩形中绘制描边颜色为"#c8c8c8"、描边大小为"1点"的线段。

步骤 18 选择"横排文字工具" **T**，设置字体为"思源黑体 CN"，在矩形中输入文字，并设置文字颜色为"#c8c8c8"，然后在矩形的下方输入文字，并设置文字颜色为"#ff0000"，效果如图5-151所示。

步骤 19 复制"设计理念"标题栏并将文字修改为"产品展示"。选择"钢笔工具" ✏，在文字下方绘制图5-152所示的几何形状，并填充"#c9c9c9"颜色，完成后设置下方图形的不透明度为"50%"。打开"旅行箱13.png"～"旅行箱15.png"素材文件，将银色箱包拖动到几何形状上层，并在左上角输入"奢华银"，设置字体为"思源黑体 CN"，调整文字大小和位置，再在文字下层绘制矩形。

图5-151 输入文字

图5-152 制作"奢华银"产品展示板块

步骤 20 使用相同的方法，绘制图5-153所示的几何形状，并填充"#9d343d"颜色，完成后设置右侧图形的不透明度为"50%"。打开"旅行箱16.png"～"旅行箱18.png"素材文件，将红色箱包拖动到几何形状上层，并在左上角输入"尊贵红"，再在文字下层绘制矩形。

步骤 21 使用相同的方法，绘制图5-154所示的几何形状，并填充"#000000"颜色，完成后设置右下角图形的不透明度为"50%"。打开"旅行箱19.png""旅行箱20.png"素材文件，将黑色箱包拖动到几何形状上层，并在右上角输入"典雅黑"，再在文字下层绘制矩形。

步骤 22 将"设计理念"标题栏复制到图形的底部，将其中的文字修改为"细节展示"。

步骤 23 选择"矩形工具" ▢，在标题栏下方绘制颜色为"#ebebeb"、大小为"750像素×840像素"的矩形，效果如图5-155所示。

步骤 24 打开"细节展示.png"素材文件，将细节图片拖动到矩形中，再在矩形中绘制两条直线。打开"向上.png""向下.png"素材文件，将其分别拖动到直线下方，调整大小和位置。

步骤 25 输入图5-156所示的文字，并设置字体为"思源黑体 CN"，字号为"13.29点"，完成详情页的制作。

图5-153　制作"尊贵红"产品展示板块

图5-154　制作"典雅黑"产品展示板块

图 5-155　绘制矩形

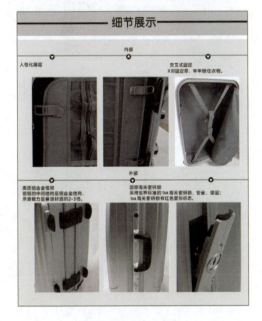

图 5-156　输入文字

5.3.8　举一反三

1. 制作PC端红色挎包轮播图片

本练习将为红色挎包制作PC端轮播图片。在制作时可先在右侧添加红色挎包素材，然后在左侧输入说明文字，效果如图5-157所示。

图5-157　PC端红色挎包轮播图片效果

2. 制作拉杆箱主图

本练习将制作拉杆箱主图，共有5张。第1张主图主要展示商品效果，起到吸引消费者注意的作用，其他4张主图为商品展示图片，主要用于展示款式、细节和卖点，效果如图5-158所示。

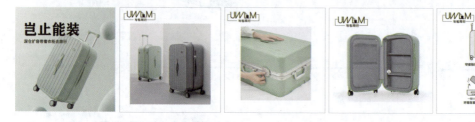

图5-158　拉杆箱主图效果

3. 制作移动端行李箱轮播图片

本练习将制作移动端行李箱轮播图片。在制作时先添加背景图片，然后在左侧输入说明文字，效果如图5-159所示。

图5-159　移动端行李箱轮播图片效果

06 项目6
汽车用品类和百货类网店设计

　　日常生活中，汽车是人们常用的出行工具，汽车用品类网店也越来越多，在进行这类网店的设计时，需要突出汽车用品的功能性和实用性，方便消费者选择。而百货类商品的种类较多，设计时除了需要体现百货的价格、品类、卖点等信息外，还要注意其背景不要过于复杂，避免喧宾夺主。

素养目标

- 提升对设计软件的使用能力，能够根据不同类目店铺的需要设计出完整的页面
- 不断提升专业能力和知识水平，时刻关注设计行业的发展，紧跟潮流趋势

项目要点

- 汽车用品类网店设计
- 百货类网店设计

任务1　汽车用品类网店设计

汽车用品是指应用于汽车组装、汽车美容、汽车装饰等的汽车电子及零件的相关产品。汽车用品类网店设计需要在符合网店定位的前提下，清楚地展示汽车用品信息。本案例将对"安世克"汽车用品网店的店标、店招、轮播图片、主图、主图视频和详情页进行设计。

↘ 6.1.1　网店背景与设计思路

"安世克"是一家专注于汽车用品销售的网店，主要销售汽车座椅套、方向盘套、脚垫、车载香熏、安全椅等汽车用品。"安世克"汽车用品质量高，价格合理，受到广大车主的喜爱和好评。为了打造一个视觉吸引力强的网店，在进行网店设计前可对网店的各个部分进行构思。

- 店标设计。"安世克"主营汽车用品销售，在设计店标时，可以通过文字变形的方式将汽车属性体现到店标中。如"安世克"中的"安"的拼音首字母大写为"A"，若在"A"上添加牵引线，制作出类似汽车吊饰的效果，可以形成独特的标识性形象，方便消费者识别。
- 店招设计。"安世克"店招主要分为两个部分，分别是店标部分和导航内容。店标可直接添加，导航则可添加不同的类目，方便消费者选择。
- 轮播图片设计。轮播图片包括PC端和移动端两个部分，每个部分包括4类商品，分别是车载灯、车载充电器、智能点烟器、安全椅。在设计时可采用左右构图的方式，直接展示商品图像和文字，方便消费者了解商品信息。商品描述内容要真实、直观，要能刺激消费者的购买欲。
- 主图设计。为桂花车载香熏制作主图，共包括5张主图。第1张主图主要展示卖点和优惠信息，可选择桂花车载香熏实景图作为背景，此外，还要添加与桂花车载香熏相关的卖点和价格优势文字，如"天然花香，让每公里都自在呼吸"等。其余4张主图主要展示商品细节、使用场景等。
- 主图视频制作。为桂花车载香熏制作主图视频，体现桂花车载香熏的味道和实景效果，提升消费者好感。
- 详情页设计。为桂花车载香熏制作详情页，详细展示桂花车载香熏的信息，包括卖点展示、详细参数和使用说明等信息。

↘ 6.1.2　设计店标

"安世克"店标主要是在文字上方添加吊绳形状，在设计时可先输入文字，然后使用钢笔工具绘制形状，整体效果要简约、美观。具体操作如下。

步骤 01　新建大小为"120像素×120像素"、背景内容为"白色"、名称为"安世克店标"的图像文件。

步骤 02　选择"椭圆工具" ，在工具属性栏中设置填充颜色为"#e77924"，在图像编辑区中单击并按住【Shift】键不放，绘制35像素×35像素的圆。

步骤 03　选择"横排文字工具" ，在工具属性栏中设置字体为"汉仪凌波体简"，文字颜色为

扫一扫

设计店标

"#ffffff"，输入"A"文字，调整文字的大小和位置，效果如图6-1所示。

步骤 04　设置前景色为"#ffffff"，新建图层，选择"钢笔工具"，在"A"文字上方绘制吊绳形状，按【Ctrl+Enter】组合键将形状转换为路径，然后按【Alt+Delete】组合键填充前景色，效果如图6-2所示。

步骤 05　选择"横排文字工具"，在工具属性栏中设置字体为"方正稚艺简体"，文字颜色为"#e77924"，输入"安世克""—ANSHIKE—"文字，调整文字的大小和位置，完成店标的制作，效果如图6-3所示。

图6-1　输入并调整文字　　图6-2　绘制吊绳形状并填充前景色　　图6-3　店标效果

6.1.3　设计店招

制作"安世克"网店店招时，可先添加店标，再输入导航文字，然后在下方绘制搜索按钮。具体操作如下。

扫一扫

设计店招

步骤 01　新建大小为"950像素×120像素"、背景内容为"白色"、名称为"安世克店招"的图像文件。

步骤 02　设置前景色为"#150605"，按【Alt+Delete】组合键填充前景色。

步骤 03　设置前景色为"#412810"，新建图层，选择"钢笔工具"，在店招的左右两侧绘制装饰形状，按【Ctrl+Enter】组合键将形状转换为路径，然后按【Alt+Delete】组合键填充前景色，完成后的背景效果如图6-4所示。

图6-4　制作背景

步骤 04　打开"安世克店标.psd"图像文件，将其中的店标拖动到店招左侧，然后调整大小和位置。

步骤 05　选择"横排文字工具"，设置字体、字号、文字颜色分别为"方正稚艺简体""20点""#ffffff"，在店标右侧输入"首页""所有产品""遮阳系列""香薰系列""车载配件""更多"文字，效果如图6-5所示。

图6-5　输入文字

步骤 06　选择"圆角矩形工具" ▣，绘制3个不同大小的圆角矩形，并设置填充颜色为"#e77924"，效果如图6-6所示。

图6-6　绘制圆角矩形

步骤 07　双击较大的圆角矩形图层右侧的空白区域，打开"图层样式"对话框，单击选中"描边"复选框，设置大小为"4像素"，位置为"外部"，颜色为"#e77924"，如图6-7所示。

步骤 08　单击选中"内阴影"复选框，设置颜色为"#6e2d2a"，不透明度为"34%"，如图6-8所示；单击选中"颜色叠加"复选框，设置颜色为"#ffffff"，单击 确定 按钮。

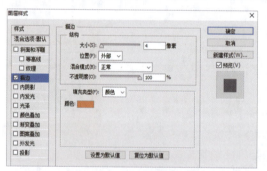

图6-7　设置描边参数

图6-8　设置内阴影参数

步骤 09　选择"横排文字工具" T，在工具属性栏中设置字体为"思源黑体 CN"，字体样式为"Bold"，字号为"20点"，文字颜色为"#ffffff"，在右侧圆角矩形中输入"搜索"文字。

步骤 10　选择"自定形状工具" ⬡，在工具属性栏中设置填充颜色为"#e77924"，在"形状"下拉列表中选择"▶"形状，在"所有产品"文字左侧绘制所选形状，完成店招的制作，效果如图6-9所示。将文件存储为JPG格式。

图6-9　店招效果

↘ 6.1.4　设计轮播图片

分别为"安世克"网店中的车载灯、车载充电器、智能点烟器、安全椅等商品设计PC端和移动端的轮播图片。

1. 设计车载灯轮播图片

车载灯具有"快速充电""夜光智能光圈"等特点，在设计轮播图片时，可根据其特点进行设计。具体操作如下。

扫一扫

设计车载灯轮播图片

步骤 01　制作PC端车载灯轮播图片。新建大小为"950像素×250像素"、背景内容为"白色"、名称为"PC端车载灯轮播图片"的图像文件。

步骤 02　打开"汽车背景.jpg"图像文件，将其拖动到轮播图片中，调整大小和位置。

步骤 03　新建图层，选择"渐变工具" ▣，设置渐变颜色为黑色到透明，然后在画面顶部单击，自上而下拖动鼠标指针填充渐变颜色，并设置该图层不透明度为"83%"，效果如图6-10所示。

步骤 04　设置前景色为"#f9a12f"，按【Alt+Delete】组合键填充前景色，打开"车载灯.png"图像文件，将其拖动到轮播图片中，调整大小和位置。

步骤 05　双击"车载灯"所在图层右侧的空白区域，打开"图层样式"对话框，单击选中"投影"复选框，设置不透明度为"72%"，距离为"17像素"，大小为"18像素"，单击　确定　按钮，效果如图6-11所示。

图6-10　填充渐变颜色

图6-11　设置图层样式

步骤 06　选择"横排文字工具" T，在工具属性栏中设置字体为"思源黑体 CN"，字体样式为"Heavy"，字号为"43点"，文字颜色为"#ffffff"，在车载灯图像左侧输入"快速充电　车载充电"文字，效果如图6-12所示。

步骤 07　双击文字所在图层右侧的空白区域，打开"图层样式"对话框，单击选中"渐变叠加"复选框，设置渐变颜色为"#ad875f"～"#eee4b8"～"#ad8760"，如图6-13所示。

图6-12　输入文字

图6-13　设置渐变叠加参数

步骤 08 单击选中"投影"复选框，设置不透明度为"21%"，角度为"127度"，距离为"4像素"，大小为"5像素"，单击 确定 按钮，如图6-14所示。

步骤 09 选择"矩形工具" ▢ ，在已有文字下方绘制220像素×45像素的矩形，复制上方文字的图层样式，然后在矩形上粘贴该图层样式。选择"横排文字工具" T ，在工具属性栏中设置字体为"思源黑体 CN"，字体样式为"Regular"，字号为"34.5点"，文字颜色为"#030000"，在矩形内输入"夜光智能光圈"文字，效果如图6-15所示。

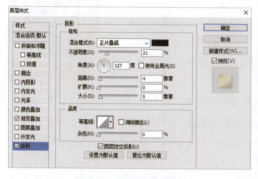

图6-14　设置投影参数

图6-15　输入文字

步骤 10 选择"圆角矩形工具" ▢ ，绘制125像素×30像素的圆角矩形，设置填充颜色为"#f4c41c"。

步骤 11 选择"横排文字工具" T ，在工具属性栏中设置字体为"思源黑体 CN"，字体样式为"Regular"，字号为"18点"，文字颜色为"#0b0205"，在圆角矩形内输入"货车小车通用"文字，效果如图6-16所示。

步骤 12 打开"USB.png"图像文件，将其拖动到轮播图片中，调整大小和位置；双击该图层右侧的空白区域，打开"图层样式"对话框，单击选中"描边"复选框，设置大小为"3像素"，位置为"外部"，颜色为"#d81618"，单击 确定 按钮。效果如图6-17所示。

图6-16　绘制圆角矩形并输入文字

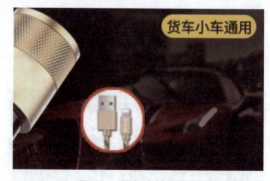

图6-17　添加素材并描边

步骤 13 选择"椭圆工具" ⬭ ，在USB图像左侧绘制圆，并设置填充颜色为"#e61d48"。选择"钢笔工具" ✍ ，在工具属性栏中将路径转换为形状，在圆右侧绘制尖角部分。

步骤 14 选择"横排文字工具" T，在工具属性栏中设置字体为"思源黑体 CN"，字体样式为"Regular"，字号为"15点"，文字颜色为"#f4c41c"，在圆内输入"赠送"文字，完成PC端车载灯轮播图片的制作，效果如图6-18所示。

图6-18　PC端车载灯轮播图片效果

步骤 15 制作移动端车载灯轮播图片。新建名称、宽度、高度和分辨率分别为"移动端车载灯轮播图片""1200像素""600像素""72像素/英寸"的图像文件。

步骤 16 选择"矩形工具" ▢，绘制1200像素×600像素的矩形，设置填充颜色为"#030000"。打开"汽车背景.jpg"图像文件，将其拖动到轮播图片中，调整大小和位置，并设置不透明度为"20%"，按【Ctrl+Alt+G】组合键创建剪贴蒙版，效果如图6-19所示。

步骤 17 打开"PC端车载灯轮播图片.psd"图像文件，选择右侧的图像和文字内容，将其拖动到新建文件的右侧，调整大小和位置，效果如图6-20所示。

图6-19　添加并调整图像　　　　　图6-20　添加图像和文字内容

步骤 18 选择"横排文字工具" T，输入文字，设置字体为"思源黑体 CN"，调整文字大小和位置。选择"GOOD"文字，将文字颜色修改为"#e71f19"，将"好货驾到"的字体修改为"汉仪菱心体简"，效果如图6-21所示。

步骤 19 选择"矩形工具" ▢，在"好货驾到"文字下方绘制填充颜色为"#e71f19"、大小为"360像素×6.5像素"的矩形。再在"车载充电"文字下方绘制380像素×50像素的矩形，并在其内输入"立即查看"文字，调整文字大小、位置和颜色。

步骤 20 选择"直线工具" ╱，在"快速充电""车载充电"文字右侧绘制两条斜线，使其形成锐角。

步骤 21 打开"三角形装饰.png"图像文件，将素材拖动到轮播图片中，调整大小和位置，效果如图6-22所示。完成移动端车载灯轮播图片的制作，将文件存储为JPG格式。

图6-21　修改字体

图6-22　添加并调整三角形装饰

2. 设计车载充电器轮播图片

设计车载充电器轮播图片时，可将内容分为不同的板块，分别展示图片信息和文字信息，方便消费者快速了解车载充电器的卖点。具体操作如下。

扫一扫

设计车载充电器轮播图片

步骤 01　制作PC端车载充电器轮播图片。新建大小为"950像素×250像素"、背景内容为"白色"、名称为"PC端车载充电器轮播图片"的图像文件。

步骤 02　选择"矩形工具"，在背景中绘制矩形，旋转矩形，使其倾斜显示，设置填充颜色为"#d9d6d5"。

步骤 03　打开"车载充电器1.png""车载充电器2.png"图像文件，将其拖动到轮播图片中，调整大小和位置，效果如图6-23所示。

图6-23　添加并调整素材

步骤 04　新建图层，设置前景色为"#4f7fa2"，选择"钢笔工具"，绘制图6-24所示的形状，按【Ctrl+Enter】组合键将路径转换为选区，按【Alt+Delete】组合键填充前景色。

图6-24　绘制形状

步骤 05　选择"横排文字工具"，输入文字，设置字体为"思源黑体 CN"，调整文字大小、位置和颜色。选择"矩形工具" 🔲 ，在"电压检测 快速充电"文字下层绘制描边颜色为"#ffffff"、描边粗细为"3点"的矩形框，完成PC端车载充电器轮播图片的制作，效果如图6-25所示。将文件存储为JPG格式。

图6-25　PC端车载充电器轮播图片效果

步骤 06　制作移动端车载充电器轮播图片。新建名称、宽度、高度和分辨率分别为"移动端车载充电器轮播图片""1200像素""600像素""72像素/英寸"的图像文件。

步骤 07　选择"矩形工具" 🔲 ，设置填充颜色为"#6b6a6a"，在背景中绘制矩形，旋转矩形，使其倾斜显示。打开"汽车背景.jpg"图像文件，将其拖动到轮播图片中，调整大小和位置，并设置不透明度为"30%"，按【Ctrl+Alt+G】组合键创建剪贴蒙版，完成后的背景效果如图6-26所示。

步骤 08　打开"车载充电器2.png"图像文件，将其拖动到轮播图片中，调整大小和位置。

步骤 09　新建图层，设置前景色为"#c9161d"，选择"钢笔工具" ✏️ ，在图像的右侧绘制几何形状，按【Ctrl+Enter】组合键将路径转换为选区，按【Alt+Delete】组合键填充前景色。

步骤 10　打开"PC端车载充电器轮播图片.psd"图像文件，选择左侧的文字和图像素材，将其拖动到图像的右侧，调整大小和位置，完成移动端车载充电器轮播图片的制作，效果如图6-27所示。将文件存储为JPG格式。

图6-26　制作背景

图6-27　移动端车载充电器轮播图片效果

3. 设计智能点烟器轮播图片

设计智能点烟器轮播图片时，采用左文右图的方式排版，分别展示文字信息和图片信息，方便消费者快速了解智能点烟器的卖点。具体操作如下。

步骤 01　制作PC端智能点烟器轮播图片。新建大小为"950像素×250像素"、背景内容为"白色"、名称为"PC端智能点烟器轮播图片"的图像文件。

扫一扫

设计智能点烟器轮播图片

步骤 02 选择"矩形工具" ▢，绘制950像素×250像素的矩形，设置填充颜色为"#030000"。

步骤 03 新建图层，设置前景色为"#b0aaa6"，选择"渐变工具" ▢，设置渐变颜色为"#ffffff"到透明，单击"径向渐变"按钮 ▢，自上而下拖动鼠标指针填充渐变颜色。

步骤 04 打开"树叶1.png""树叶2.png""智能点烟器.png"图像文件，将其拖动到轮播图片中，调整大小和位置，效果如图6-28所示。

图6-28 添加并调整素材1

步骤 05 选择"横排文字工具" T，输入"智能点烟器"文字，设置字体为"方正字迹-黄登荣行楷简"，文字颜色为"#ffffff"，调整文字的大小和位置，效果如图6-29所示。

图6-29 输入文字

步骤 06 双击"智"文字图层右侧的空白区域，打开"图层样式"对话框，单击选中"渐变叠加"复选框，设置渐变颜色为"#a58634"～"f5e59f"，角度为"-4度"，如图6-30所示。

步骤 07 单击选中"投影"复选框，设置角度为"-180度"，距离为"13像素"，大小为"18像素"，单击 确定 按钮，如图6-31所示。

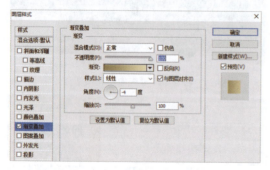

图6-30 设置渐变叠加参数

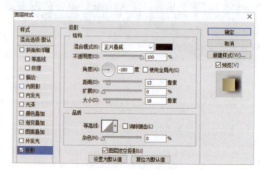

图6-31 设置投影参数

步骤 08 复制"智"文字图层样式，然后分别在其他文字上粘贴图层样式。

步骤 09 选择"椭圆工具" ，设置填充颜色为"#ffffff"，在文字下方绘制8个40像素×40像素的圆，再次复制"智"文字图层样式，然后在圆图层上粘贴。选择"横排文字工具" T，输入"一拖三车载充电器"文字，设置字体为"方正大标宋简体"，调整文字的大小和位置，完成PC端智能点烟器轮播图片的制作，效果如图6-32所示。将文件存储为JPG格式。

图6-32 PC端智能点烟器轮播图片效果

步骤 10 制作移动端智能点烟器轮播图片。新建名称、宽度、高度和分辨率分别为"移动端智能点烟器轮播图片""1200像素""600像素""72像素/英寸"的图像文件。

步骤 11 打开"PC端智能点烟器轮播图片.psd"图像文件，将其中所有内容拖动到新建的文件中，调整大小和位置，效果如图6-33所示。

步骤 12 选择"横排文字工具" T，输入文字，设置字体为"思源黑体 CN"，调整文字的大小、位置和颜色，使用"直线工具" 在文字的中间绘制竖线，形成分割效果。

步骤 13 选择"矩形工具" □，绘制1145像素×544像素的矩形，设置描边颜色为"#d7bf70"，描边大小为"5点"，完成移动端智能点烟器轮播图片的制作，效果如图6-34所示。将文件存储为JPG格式。

图6-33 添加并调整素材2

图6-34 移动端智能点烟器轮播图片效果

4. 设计安全椅轮播图片

设计安全椅轮播图片时，可采用与安全椅同色系的颜色作为背景，使整体效果更加统一，并采用左右布局方式，左侧为文字信息，主要对安全椅进行简单介绍，右侧为安全椅商品图片，方便消费者了解商品。具体操作如下。

步骤 01 制作PC端安全椅轮播图片。新建大小为"950像素×250像素"、背景内容为"白色"、名称为"PC端安全椅轮播图片"的图像文件。

步骤 02 选择"矩形工具" □，设置填充颜色为"#2b7bff"，在图像的右侧

扫一扫

设计安全椅轮播图片

绘制620像素×254像素的矩形，效果如图6-35所示。

步骤 03 选择"钢笔工具" ，在工具属性栏中设置工具模式为"形状"，设置填充颜色为"#d4dcf0"，绘制带弧度的形状，并设置不透明度为"40%"，效果如图6-36所示。

图6-35 绘制矩形	图6-36 绘制形状

步骤 04 打开"安全椅素材.png"图像文件，将其拖动到轮播图片中，调整大小和位置。双击安全椅图层右侧的空白区域，打开"图层样式"对话框，单击选中"投影"复选框，设置颜色为"#4e4e4e"，大小为"24像素"，单击 确定 按钮，效果如图6-37所示。

步骤 05 选择"横排文字工具" T，输入"Safety""Seat"文字，设置字体为"思源黑体CN"，设置"Sa""Se"文字颜色为"#2b7bff"，其他文字颜色为"#ffffff"，调整文字大小、位置，效果如图6-38所示。注意在输入文字过程中，可将第1排文字的"a"和第2排文字的"S""t"文字在单独的图层中显示，方便后期设置图层样式。

图6-37 添加投影	图6-38 输入并调整文字

步骤 06 选择第1排文字的"a"文字所在图层，在"图层"面板右上方设置填充为"0%"，双击该图层右侧的空白区域，打开"图层样式"对话框，单击选中"描边"复选框，设置大小为"2像素"，颜色为"#2b7bff"，单击 确定 按钮，如图6-39所示。

步骤 07 使用相同的方法将第2排文字的"S""t"文字图层的填充修改为"0%"，然后分别添加"描边"图层样式，并设置"S"描边颜色为"#2b7bff"，"t"描边颜色为"#ffffff"，效果如图6-40所示。

图6-39 设置描边参数	图6-40 修改文字样式

步骤 08 选择"横排文字工具" T，输入文字，设置字体为"思源黑体 CN"，调整文字大小和位置，设置文字颜色分别为"#2b7bff""#ffffff"。

步骤 09　选择"矩形工具" ，设置填充颜色为"#2b7bff"，在"新一代"文字下层绘制80像素×30像素的矩形；设置填充颜色为"#eef1f9"，在"安全座椅"文字下层绘制100像素×30像素的矩形，效果如图6-41所示。完成PC端安全椅轮播图片的制作，将文件存储为JPG格式。

图6-41　PC端安全椅轮播图片效果

步骤 10　制作移动端安全椅轮播图片。新建名称、宽度、高度和分辨率分别为"移动端安全椅轮播图片""1200像素""600像素""72像素/英寸"的图像文件。

步骤 11　选择"矩形工具" ，设置填充颜色为"#2b7bff"，绘制880像素×570像素的矩形。

步骤 12　打开"PC端安全椅轮播图片.psd"图像文件，将图像中的文字内容和安全椅素材拖动到新建的文件中，调整大小和位置，完成移动端安全椅轮播图片的制作，效果如图6-42所示。

图6-42　移动端安全椅轮播图片效果

↘ 6.1.5　设计主图

制作第1张桂花车载香薰主图时，中间区域为商品图片，上、下方为卖点介绍并展示优惠信息，其余4张主图则直接在实拍图上添加店标。具体操作如下。

步骤 01　制作第1张桂花车载香薰主图。新建名称、宽度、高度分别为"桂花车载香薰主图""800像素""800像素"的图像文件。

步骤 02　打开"桂花车载香薰.jpg"图像文件，将其拖动到新建的文件中，调整图像位置，效果如图6-43所示。

扫一扫

设计主图

步骤 03　选择"横排文字工具" T ，输入文字，设置字体为"思源黑体 CN"，调整文字大小、位置和字体样式，效果如图6-44所示。

步骤 04　选择"矩形工具" ▢ ，在图像下方绘制800像素×100像素的矩形，设置填充颜色为"#254b2d"～"#4b9756"的渐变颜色，渐变角度为"-180度"，效果如图6-45所示。

图6-43　添加并调整素材

图6-44　输入并调整文字

图6-45　绘制矩形

步骤 05　选择"圆角矩形工具" ▢ ，设置填充颜色为"#8d6121"～"#f5e5ae"的渐变颜色，渐变角度为"90"，在矩形上方绘制半径为"50像素"、大小为"556像素×82像素"的圆角矩形，效果如图6-46所示。

步骤 06　新建图层，选择"钢笔工具" ✎ ，在左侧绘制带弧度的形状，按【Ctrl+Enter】组合键将路径转换为选区。选择"渐变工具" ▢ ，设置渐变颜色为"#986e2f"～"#eedca4"，自上而下拖动填充渐变颜色。双击该图层右侧的空白区域，打开"图层样式"对话框，单击选中"投影"复选框，设置颜色为"#42844b"，角度为"120度"，距离为"19像素"，大小为"24像素"，单击 ▭确定 按钮，效果如图6-47所示。

步骤 07　选择"横排文字工具" T ，输入图6-48所示的文字，设置字体为"思源黑体 CN"，调整文字大小、位置、字体样式和颜色。

图6-46　绘制圆角矩形

图6-47　添加投影效果

图6-48　输入文字

步骤 08　使用相同的方法，制作"桂花车载香薰主图2""桂花车载香薰主图3""桂花车载香薰主图4""桂花车载香薰主图5"图像文件，效果如图6-49所示。

图6-49　制作其他主图

↘ 6.1.6　制作主图视频

设计桂花车载香薰主图视频时，可以先添加视频和音频素材，再进行分割和删除操作，然后添加与桂花车载香薰相关的说明文字，帮助消费者快速了解商品信息。具体操作如下。

扫一扫

制作主图视频

步骤 01　打开剪映视频剪辑软件，在界面上方单击"开始创作"按钮 **+**，打开剪映视频剪辑界面。

步骤 02　在左上角单击"导入"按钮 **+**，打开"请选择媒体资源"对话框，选择"桂花香薰素材.mp4"素材文件。单击 打开(O) 按钮，界面左上角显示了导入的视频。将视频拖动到时间轴上，方便编辑视频。

步骤 03　将时间指针移动到视频开头，在左上角单击"音频"选项卡，在下方的列表中选择"纯音乐"右侧的第4个选项，单击其下方的 **⬇** 按钮，下载音频，然后单击 **+** 按钮，将音频添加到轨道中，如图6-50所示。

步骤 04　在"项目时间轴"面板中将时间指针拖动至"00:00:14:08"位置，按【Ctrl+B】组合键分割音频，选择第2段音频，按【Delete】键删除，如图6-51所示。

图6-50　添加音频

图6-51　分割并删除音频

步骤 05　在"项目时间轴"面板中单击 封面 按钮，打开"封面选择"对话框，在"视频帧"下方的视频中选择一张图片作为视频的封面，单击 去编辑 按钮，如图6-52所示。

步骤 06　打开"封面设计"对话框，在"模板"下方的列表中，选择"默认"选项，选择"推荐"栏中的第2张图片作为视频封面的模板，如图6-53所示。

图6-52　选择封面

图6-53　选择模板

步骤 07　在右侧的预览窗口中编辑文字，参考效果如图6-54所示，完成后单击 完成设置 按钮。

步骤 08　在"项目时间轴"面板中将时间指针拖动至"00:00:03:14"位置，单击"文本"选项卡，在左侧列表中选择"文字模板"选项，在下方选择"片中序章"选项，在右侧列表中单击第3排第3个文字模板，单击 按钮，下载文字模板，然后单击 按钮，如图6-55所示。

步骤 09　在右侧的"文本"面板中输入"让气味抚慰情绪演绎心境"文字，如图6-56所示。

图6-54　编辑封面文字

图6-55　选择文字模板

图6-56　输入文字

步骤 10　在预览画面中，拖动文字框到左上角，将时间指针拖动至"00:00:10:19"位置，使用与前面相同的方法在左上角输入"消除疲劳焕发活力"。

步骤 11　在操作界面右侧单击 导出 按钮，打开"导出"对话框，填写作品名称，选择导出位置后，单击选中"封面添加至视频片头"复选框，单击 导出 按钮完成导出操作。导出完成后，打开保存视频的文件夹可查看保存的视频，视频效果如图6-57所示。

图6-57　完成后的视频效果

↘ 6.1.7　设计详情页

在制作桂花车载香薰详情页时，将采用实景图片和文字描述的方式介绍商品，增加消费者的信服度，再展示卖点，最后介绍详细参数和使用说明，增进消费者对该商品的了解。具体操作如下。

步骤 01 新建名称、宽度、高度分别为"桂花车载香薰详情页""750像素""10 000像素"的图像文件。

步骤 02 打开"桂花车载香薰1.jpg"素材文件，将其拖动到"桂花车载香薰详情页"文件中，调整大小和位置。选择"横排文字工具" T，输入文字，设置字体为"思源黑体 CN"，字体颜色为"#ffffff"，调整文字大小和位置，完成焦点图的制作，效果如图6-58所示。

步骤 03 打开"桂花车载香薰2.jpg"素材文件，将其拖动到焦点图下方，调整大小和位置；选择"横排文字工具" T，输入文字，设置字体为"思源黑体 CN"，字体颜色为"#ffffff"，调整文字大小和位置。效果如图6-59所示。

步骤 04 打开"桂花车载香薰3.jpg"素材文件，将其拖动到"桂花车载香薰2.jpg"素材文件下方，调整大小和位置；选择"横排文字工具" T，输入文字，设置字体为"思源黑体 CN"，字体颜色为"#ffffff"，调整文字大小和位置。效果如图6-60所示。

步骤 05 使用相同的方法，打开"桂花车载香薰4.jpg"～"桂花车载香薰6.jpg"素材文件，将其

扫一扫

设计详情页

拖动到"桂花车载香薰3.jpg"的下方，调整大小和位置。选择"横排文字工具" T，输入文字，设置字体为"思源黑体 CN"，字体颜色为"#ffffff"，调整文字大小和位置，完成卖点图的制作，效果如图6-61所示。

图6-58　焦点图效果

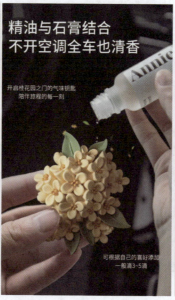

图6-59　添加素材并输入文字1

图6-60　添加素材并输入文字2

图6-61　卖点图效果

步骤 06 打开"桂花车载香薰7.jpg"素材文件，将其拖动到图像下方，调整大小和位置。选择"横排文字工具" T，输入文字，设置字体为"思源黑体 CN"，字体颜色为"#000000"，调整文字大小和位置，效果如图6-62所示。

步骤 07　选择"直线工具" /，绘制粗细为"1像素"、填充颜色为"#000000"的直线，用于分割文字和标注尺寸，效果如图6-63所示。

步骤 08　选择"矩形工具" □，在工具属性栏中设置填充颜色为"#ded6cf"，绘制大小为"750像素×1200像素"的矩形。选择"矩形工具" □，设置填充颜色为"#ffffff"，绘制4个大小为"340像素×450像素"的矩形。

步骤 09　打开"桂花车载香薰8.png"素材文件，将其拖动到图像中，调整大小和位置。

步骤 10　选择"横排文字工具" T，输入说明文字，设置字体为"思源黑体 CN"，调整文字大小、位置和颜色，效果如图6-64所示，完成详情页的制作。

图6-62　添加素材并输入文字3

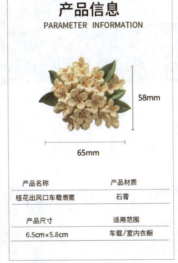

图6-63　绘制直线

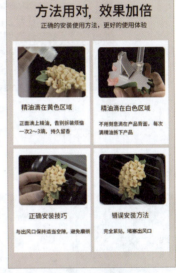

图6-64　输入并调整文字

↘ 6.1.8　举一反三

1. 制作PC端汽车轮胎轮播图片

本练习将为"安世克"网店中的汽车轮胎制作PC端轮播图片。在制作时，可先制作轮播图片背景，再添加汽车轮胎图像，并在图像左侧输入文字内容，效果如图6-65所示。

图6-65　PC端汽车轮胎轮播图片效果

2. 制作移动端汽车轮胎轮播图片

本练习将在PC端汽车轮胎轮播图片的基础上制作移动端汽车轮胎轮播图片。制作时可直接将PC端图片的效果复制到移动端图片中，然后调整大小和位置，效果如图6-66所示。

图6-66　移动端汽车轮胎轮播图片效果

3. 制作车载香薰主图

本练习将制作车载香薰主图，在制作时先制作主图背景，再输入并编辑文字，效果如图6-67所示。

图6-67　车载香薰主图效果

任务2　百货类网店设计

百货类网店通常包含多种类型的商品，涉及家居用品、美妆用品、母婴用品、饰品、运动用品、日用品等。一般来说，百货类网店的商品种类比较丰富，能够满足不同人群的需求。下面将以"艾维"百货网店为例，具体讲解百货类网店中店标、店招、轮播图片、主图、主图视频、详情页的设计方法。

6.2.1　网店背景与设计思路

"艾维"百货是一家销售家居用品、美妆用品、母婴用品、日用品等多种商品的网店，致力于为消费者提供丰富、便捷、优质的购物体验，同时不断拓展业务范围。"艾维"百货网店准备对店铺的店标、店招、轮播图片、主图、主图视频、详情页重新进行设计，以提升网店形象。在进行案例设计前需要梳理制作思路。

● 店标设计。"艾维"网店商品丰富，在店标设计中可直接采用"艾维"的拼音和汉字，使店标简洁大方。为了增加设计感，还可在字母中添加画线效果。

● 店招设计。"艾维"店招主要体现品牌信息、关注内容和热卖商品，以吸引消费者。

● 轮播图片设计。轮播图片包括PC端和移动端两个部分，每个部分包括4类商品，分别是毛巾、棉拖鞋、玩具、护肤品。设计时可采用左图右文或左文右图的方式，展示商品和说明文字。为了凸显说明文字内容，可选择较为醒目的颜色或为其添加底纹，色调则可选择与商品同色调的颜色进行设计，使整体色调更加统一。

● 主图设计。为锅具制作主图，共包括5张主图。第1张主图要有代入感，在素材选择上可选择锅具的使用场景作为背景。经过分析，发现"不粘""电磁炉燃气通用""优惠"是引流的关键，在设计时可添加"粘锅包退""电磁炉燃气通用"等文字展示锅具的卖点。同时，为了体现价格的优惠，还可以添加商品促销信息和价格信息。其余4张主图主要展示锅具的材质、细节等。

● 主图视频制作。为锅具制作主图视频，体现锅具的品质、卖点。

● 详情页设计。为锅具制作详情页，详细展示锅具的卖点、品质、材料等信息。

↓ 6.2.2　设计店标

在设计"艾维"店标时，可输入文字，然后使用钢笔工具绘制画线效果。具体操作如下。

步骤 01　新建大小为"120像素×120像素"、背景内容为"白色"、名称为"艾维店标"的图像文件。

步骤 02　选择"横排文字工具" T，设置字体为"方正大黑简体"，颜色为"#fe0000"，输入"AIWEI"文字。

步骤 03　选择"横排文字工具" T，设置字体为"方正粗谭黑简体"，颜色为"#24373d"，输入"艾维"文字，效果如图6-68所示。

步骤 04　栅格化"AIWEI"图层，选择"钢笔工具" ，在"AIWEI"文字的中间绘制一条线，效果如图6-69所示，按【Ctrl+Enter】组合键将路径转换为选区，按【Delete】键删除选区。

步骤 05　选择"横排文字工具" T，设置字体为"思源黑体 CN"，颜色为"#24373d"，输入"因艾维·"文字；设置颜色为"#fe0000"，输入"所以爱"文字，调整文字的大小和位置，完成店标的制作。效果如图6-70所示。

图6-68　输入文字　　　　　　　图6-69　绘制线　　　　　　　图6-70　店标效果

↘ 6.2.3　设计店招

在制作"艾维"网店店招时，可先添加店标，然后输入店铺理念文字，再制作"关注"按钮，最后添加热卖商品图片并输入热卖商品信息。具体操作如下。

步骤 01　新建大小为"950像素×120像素"、背景内容为"白色"、名称为"艾维店招"的图像文件。

步骤 02　设置前景色为"#ccced0"，按【Alt+Delete】组合键填充前景色。打开"艾维店标.png"图像文件，将其拖动到店招左侧，然后调整大小和位置。选择"直线工具" **╱**，在工具属性栏中设置填充颜色为"#24373d"，在店标右侧绘制2像素×80像素的竖线。

步骤 03　选择"横排文字工具" **T**，设置字体为"方正鲁迅行书 简"，颜色为"#24373d"，输入"因艾维·所以爱"文字，调整文字的大小和位置，效果如图6-71所示。

步骤 04　选择"圆角矩形工具" **▢**，设置半径为"30像素"，填充颜色为"#ff0000"，绘制80像素×30像素的圆角矩形。

步骤 05　选择"横排文字工具" **T**，设置字体为"方正粗圆简体"，颜色为"#ffffff"，在圆角矩形内输入"关注"文字，调整文字的大小和位置，效果如图6-72所示。

图6-71　输入并调整文字　　　　　　　　图6-72　输入并调整"关注"文字

步骤 06　选择"矩形工具" **▢**，设置填充颜色为"#ffffff"，绘制大小为"250像素×300像素"的矩形，旋转矩形使其倾斜显示。打开"锅.png"素材文件，将锅拖动到店招右侧，调整大小和位置。

步骤 07　选择"横排文字工具" **T**，设置字体为"思源黑体 CN"，颜色为"#24373d"，输入图6-73所示的文字，调整大小和位置，完成店招的制作。

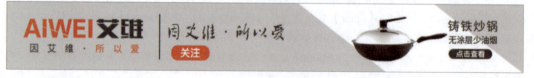

图6-73　店招效果

↘ 6.2.4　设计轮播图片

分别为毛巾、棉拖鞋、玩具、护肤品等商品设计PC端和移动端轮播图片。

1. 设计毛巾轮播图片

下面将设计毛巾轮播图片，其中：PC端毛巾轮播图片要求以新品宣传为主，突出显示新品信息，视觉效果美观、简洁；移动端毛巾轮播图片要更加简洁、直观。具体操作如下。

步骤 01 制作PC端毛巾轮播图片。新建大小为"950像素×250像素"、背景内容为"白色"、名称为"PC端毛巾轮播图片"的图像文件。

步骤 02 选择"矩形工具" ▭ ，设置填充颜色为"#004c98"，然后绘制950像素×250像素的矩形，效果如图6-74所示。

步骤 03 打开"云层.png"素材文件，将其拖动到轮播图片中，调整其大小和位置，效果如图6-75所示。

图6-74 绘制矩形　　　　　　　　　　　　图6-75 添加并调整素材

步骤 04 双击云层图层右侧的空白区域，打开"图层样式"对话框，单击选中"颜色叠加"复选框，设置叠加颜色为"#013970"，单击 确定 按钮，如图6-76所示。

步骤 05 在"图层"面板中设置不透明度为"80%"，完成背景的制作，效果如图6-77所示。

图6-76 设置颜色叠加参数　　　　　　　　图6-77 背景效果

步骤 06 打开"商品图片2.png"素材文件，将商品素材拖动到图像中，调整其大小和位置。双击商品所在的图层右侧的空白区域，打开"图层样式"对话框，单击选中"投影"复选框，设置不透明度为"18%"，距离为"29像素"，大小为"35像素"，单击 确定 按钮。

步骤 07 选择"横排文字工具" T，输入图6-78所示的文字，设置字体为"思源黑体CN"，调整文字大小和位置。选择"升级加厚重达140克"文字，将字体修改为"方正兰亭黑简体"。

图6-78 输入并调整文字

步骤 08　选择"圆角矩形工具"，设置填充颜色为"#e60012"，在"立即购买"文字下层绘制半径为"30像素"、大小为"260像素×60像素"的圆角矩形。

步骤 09　选择"自定形状工具"，在工具属性栏中设置填充颜色为"白色"，在"形状"下拉列表中选择"箭头6"选项，在"立即购买"文字右侧绘制选择的形状，完成PC端毛巾轮播图片的制作，效果如图6-79所示。

图6-79　PC端毛巾轮播图片效果

步骤 10　制作移动端毛巾轮播图片。新建大小为"1200像素×600像素"、背景内容为"白色"、名称为"移动端毛巾轮播图片"的图像文件。将"毛巾使用场景.jpg"图像文件添加到新建的文件中，调整大小和位置。

步骤 11　选择"横排文字工具"，输入"家居好物加持"文字，设置字体为"思源黑体CN"，调整文字大小和位置。复制文字图层，选择底部的文字图层将其栅格化，按住【Ctrl】键不放，单击栅格化后的文字图层，按【Delete】键删除。然后选择【编辑】/【描边】命令，打开"描边"对话框，保持默认设置，单击　确定　按钮，调整文字位置，使文字形成错位叠加效果，如图6-80所示。

步骤 12　选择"横排文字工具"，输入其他文字，设置字体为"方正兰亭黑简体"，调整文字大小和位置。选择"享受轻松生活"文字，将字体修改为"思源黑体CN"。

步骤 13　选择"矩形工具"，在"享受轻松生活"文字下层绘制填充颜色为"#88b3b5"、大小为"245像素×57像素"的矩形。然后在右上角绘制88像素×9像素的矩形，完成移动端毛巾轮播图片的制作，效果如图6-81所示。将文件存储为JPG格式。

图6-80　为文字添加错位叠加效果　　　　图6-81　移动端毛巾轮播图片效果

2. 设计棉拖鞋轮播图片

在设计棉拖鞋轮播图片时，为了让色调更加统一，背景可以灰色为主色，然后搭配棉拖鞋图片和说明文字，让整个轮播图片既美观，又具有识别性。具体操作如下。

步骤 01 制作PC端棉拖鞋轮播图片。新建大小为"950像素×250像素"、背景内容为"白色"、名称为"PC端棉拖鞋轮播图片"的图像文件。

步骤 02 选择背景图层，设置前景色为"#dcdedd"，按【Alt+Delete】组合键填充前景色。

步骤 03 将"棉拖鞋.png"图像文件添加到新建的文件中，调整大小和位置。设置前景色为"#7b7b7b"，在棉拖鞋图层下层新建图层，选择"画笔工具" 🖌，在棉拖鞋的底部涂抹，绘制棉拖鞋的投影效果。

步骤 04 选择"矩形工具" ▢，设置描边颜色为"#ffffff"，描边粗细为"3点"，在右侧绘制365像素×200像素的矩形。选择"自定形状工具" ✿，在工具属性栏中设置填充颜色为"#293540"，在"形状"下拉列表中选择"〰〰"形状，绘制两个选择的形状用以装饰矩形，并设置填充颜色为"#ffffff"，效果如图6-82所示。

图6-82 制作背景

步骤 05 选择"横排文字工具" T，输入图6-83所示的3排文字。设置第1排文字中"要白，"文字的字体为"方正兰亭中黑简体"，其他文字的字体为"方正兰亭纤黑_GBK"，文字颜色为"#1e2d2d"；设置第2排文字的字体为"方正兰亭中黑简体"，文字颜色为"#ffffff"；设置第3排文字中的"热卖商品"文字的字体为"方正兰亭纤黑_GBK"，文字颜色为"1e2d2d"，其他文字的字体为"方正兰亭中黑简体"。调整文字的位置、大小。

步骤 06 在第2排和第3排文字下层绘制矩形。完成PC端棉拖鞋轮播图片的制作，效果如图6-83所示。

图6-83 PC端棉拖鞋轮播图片效果

步骤 07 制作移动端棉拖鞋轮播图片。新建大小为"1200像素×600像素"、背景内容为"白色"、名称为"移动端棉拖鞋轮播图片"的图像文件。

步骤 08 打开"PC端棉拖鞋轮播图片.psd"图像文件，将其中的内容拖动到新建的文件中，调整大小和位置，完成移动端棉拖鞋轮播图片的制作，效果如图6-84所示。

图6-84　移动端棉拖鞋轮播图片效果

3. 设计玩具轮播图片

在设计玩具轮播图片时可直接运用提供的背景，在右侧添加玩具素材，在左侧输入玩具的说明文字，方便消费者了解玩具详情。具体操作如下。

扫一扫

设计玩具轮播图片

步骤 01 制作PC端玩具轮播图片。新建名称、宽度、高度和分辨率分别为"PC端玩具轮播图片""950像素""250像素""72像素/英寸"的图像文件。

步骤 02 打开"玩具背景.jpg""玩具.png"素材文件，将素材拖动到新建的文件中，调整大小和位置。

步骤 03 选择"圆角矩形工具" ◻，设置填充颜色为"#ffffff"，描边颜色为"#2b7bff"，描边大小为"5点"，半径为"20像素"，在图像左侧绘制大小为"320像素×190像素"的圆角矩形，并设置该图层不透明度为"70%"，完成后的背景效果如图6-85所示。

图6-85　制作玩具轮播图片背景

步骤 04 选择"横排文字工具" T，输入"玩具大放价"文字，设置字体为"思源黑体CN"，调整文字的大小和位置。

步骤 05 双击"玩具大放价"文字图层右侧的空白区域，打开"图层样式"对话框，单击选中"渐变叠加"复选框，设置渐变颜色为"#3b92ee"～"#85bff5"，单击 确定 按钮。

步骤 06 选择"横排文字工具" T ，输入"全场特惠包邮""不止5折！"文字，设置字体为"思源黑体 CN"，调整文字的大小、位置、颜色，并加粗和倾斜显示文字。

步骤 07 选择"圆角矩形工具" ，在"全场特惠包邮"文字下层绘制填充颜色为"#3e94ee"的圆角矩形。

步骤 08 选择"矩形工具" ，设置填充颜色为"#f5cc08"，在"具"文字下方绘制矩形；选择"钢笔工具" ，在"不止5折！"文字下方绘制平行四边形，并填充"#3e94ee"颜色。完成PC端玩具轮播图片的制作，效果如图6-86所示。

图6-86　PC端玩具轮播图片效果

步骤 09 制作移动端玩具轮播图片。新建名称、宽度、高度和分辨率分别为"移动端玩具轮播图片""1200像素""600像素""72像素/英寸"的图像文件。

步骤 10 打开"玩具背景.jpg"素材文件，将素材拖动到新建的文件中，调整大小和位置。

步骤 11 使用"椭圆工具" 在图像的中间区域绘制3个颜色分别为"#ffffff""#affff3""#ffd0fb"的圆，双击最小的圆所在图层右侧的空白区域，打开"图层样式"对话框，单击选中"内阴影"复选框，设置不透明度为"47%"，距离为"5像素"，大小为"37像素"，单击 确定 按钮，完成后的效果如图6-87所示。

步骤 12 打开"PC端玩具轮播图片.psd"图像文件，将其中的文字内容和玩具素材拖动到新建的文件中，调整大小和位置，完成移动端玩具轮播图片的制作，效果如图6-88所示。

图6-87　绘制圆并添加图层样式

图6-88　移动端玩具轮播图片效果

4. 设计护肤品轮播图片

下面将针对护肤品设计轮播图片，在设计时可采用背景图片和文字结合的方式，体现护肤品卖点。具体操作如下。

步骤 01 制作PC端护肤品轮播图片。新建名称、宽度、高度和分辨率分别为"PC端护肤品轮播图片""950像素""250像素""72像素/英寸"的图像文件。

步骤 02 打开"护肤品背景.jpg"素材文件，将素材拖动到新建的文件中，调整大小和位置。

步骤 03 选择"横排文字工具" T ，输入"春夏新风尚"文字，设置字体为"汉仪雅酷黑W"，调整文字的大小和位置。双击"春夏新风尚"文字图层右侧的空白区域，打开"图层样式"对话框，单击选中"渐变叠加"复选框，设置渐变颜色为"#2f8ec4"～"#348fc9"～"#1974af"～"#348fc9"，单击选中"外发光"复选框，设置不透明度为"39%"，单击 确定 按钮，完成后的效果如图6-89所示。

图6-89 输入文字并添加图层样式

步骤 04 选择"横排文字工具" T ，输入其他文字，设置字体为"思源黑体 CN"，调整文字的大小和位置。

步骤 05 选择"圆角矩形工具" ，设置填充颜色为"#3f9ccc"，在"·精选大牌美妆好物推荐·"文字下层绘制圆角矩形。复制圆角矩形，然后取消填充，设置描边颜色为"#ffffff"，描边大小为"1点"，描边样式为第2个选项，缩小圆角矩形，完成PC端护肤品轮播图片的制作，效果如图6-90所示。将文件存储为JPG格式。

图6-90 PC端护肤品轮播图片效果

步骤 06 制作移动端护肤品轮播图片。新建大小为"1200像素×600像素"、背景内容为"白色"、名称为"移动端护肤品轮播图片"的图像文件。

步骤 07 打开"PC端护肤品轮播图片.psd"图像文件，将其中的内容拖动到新建的文件中，调整大小和位置，完成移动端护肤品轮播图片的制作，效果如图6-91所示。

图6-91　移动端护肤品轮播图片效果

↘ 6.2.5　设计主图

在制作第1张锅具主图时，为了避免文字遮挡商品，可采用上中下构图的
方式，在画面左上角输入商品信息，在画面中间展示锅具主体，在画面下方
输入优惠信息，便于消费者查看；其余4张主图主要展示锅具细节，并添加店
标。具体操作如下。

扫一扫

设计主图

步骤 01　新建大小为"800像素×800像素"、分辨率为"72像素/英寸"、名
称为"锅具主图"的文件。

步骤 02　打开"铁锅背景.jpg"素材文件，将其拖动到新建的文件中，调整大
小和位置，效果如图6-92所示。

步骤 03　选择"横排文字工具" ，在工具属性栏中设置字体为"方正粗黑宋简体"，颜色为
"#fdfdfd"，然后输入"粘锅包退"文字，调整文字的大小和位置，效果如图6-93所示。

步骤 04　选择"圆角矩形工具" ⬚，绘制填充颜色为"#ffffff"、半径为"30像素"、大小为
"360像素×60像素"的圆角矩形。

步骤 05　选择"横排文字工具" T，在工具属性栏中设置字体为"思源黑体 CN"，填充颜色为
"#24373d"，然后在圆角矩形中输入"电磁炉燃气通用"文字，调整文字的大小和位置，效果如
图6-94所示。

图6-92　添加并调整素材

图6-93　输入并调整文字1

图6-94　输入并调整文字2

步骤 06　选择"矩形工具"，设置填充颜色为"#24373d"，在图像下方绘制大小为"800像素×100像素"的矩形，效果如图6-95所示。

步骤 07　新建图层，选择"钢笔工具"，在矩形的上方绘制图6-96所示的形状，并填充"#ffffff"颜色。

步骤 08　双击形状图层右侧的空白区域，打开"图层样式"对话框，单击选中"描边"复选框，设置大小、颜色分别为"2像素""#24373d"，如图6-97所示。

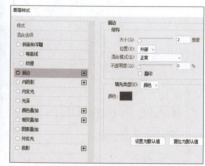

图6-95　绘制矩形　　　　　　图6-96　绘制形状　　　　　　图6-97　设置描边参数

步骤 09　再次单击选中"投影"复选框，设置颜色、不透明度、距离、大小分别为"#000000""75%""5像素""5像素"，然后单击 确定 按钮。

步骤 10　选择"圆角矩形工具"，设置填充颜色为"#000000"，半径为"30像素"，在右下角绘制295像素×150像素的圆角矩形，效果如图6-98所示。

步骤 11　选择"横排文字工具"，设置字体为"方正粗黑宋简体"，颜色为"#ffffff"，输入图6-99所示的文字，调整文字的大小，然后修改"真平底 凸底白送"文字的颜色为"#24373d"。

步骤 12　双击"下单立减10元"图层右侧的空白区域，打开"图层样式"对话框，单击选中"投影"复选框，设置颜色、距离、大小分别为"#dae71e""11像素""5像素"，然后单击 确定 按钮。

步骤 13　按【Ctrl+S】组合键保存文件，完成第1张锅具主图的制作，效果如图6-100所示。

图6-98　绘制圆角矩形　　　　图6-99　输入文字　　　　　图6-100　第1张主图效果

步骤 14　使用相同的方法，制作"锅具主图2""锅具主图3""锅具主图4""锅具主图5"图像文件，效果如图6-101所示。

图6-101　制作其他主图

↘ 6.2.6　制作主图视频

　　锅具主图视频需要展示锅具的信息，因此需要先导入视频素材，查看并分析可以使用的素材后，分割视频素材，删除多余的视频片段，然后添加滤镜和转场效果，使视频能完整、流畅地展示锅具的卖点和使用场景。具体操作如下。

步骤 01　打开剪映视频剪辑软件，在界面上方单击"开始制作"按钮，打开剪映视频剪辑界面。

步骤 02　在左上角单击"导入"按钮，打开"请选择媒体资源"对话框。选择"锅具视频.mp4"素材文件，单击"打开(O)"按钮，界面左上角显示了导入的视频。将视频拖动到时间轴上，方便编辑视频，如图6-102所示。

步骤 03　在"项目时间轴"面板中将时间指针拖动至"00:00:01:22"位置，单击"分割"按钮，将视频分割为2段，如图6-103所示。

图6-102　添加视频　　　　　　　　图6-103　分割视频

步骤 04　在"项目时间轴"面板中将时间指针拖动至"00:00:02:28"位置，按【Ctrl+B】组合键分割视频，依次在"00:00:07:03""00:00:10:03""00:00:51:29"位置分割视频，如图6-104所示。

步骤 05　选择最后一段视频片段，单击"删除"按钮，删除选择的视频，如图6-105所示。

图6-104　分割视频

图6-105　删除视频1

步骤 06　使用相同的方法，依次删除第2段、第4段视频，如图6-106所示。

步骤 07　选择第1段视频片段，在右上角单击"变速"选项卡，在"时长"栏中设置时长为"2.5s"，如图6-107所示，完成后按【Enter】键。

步骤 08　使用相同的方法将第2段视频片段的时长设置为"6.0s"，如图6-108所示。

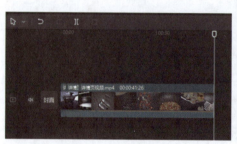

图6-106　删除视频2

图6-107　设置视频时长　　　图6-108　设置其他视频时长

步骤 09　拖动第3段视频片段的片尾至"00:00:52:14"位置，如图6-109所示。

步骤 10　将时间指针移动到第1段视频片段和第2段视频片段中间，在左上角单击"转场"选项卡，在下方列表单击"叠化"转场，然后单击 按钮，如图6-110所示，将转场添加到轨道中。

步骤 11　选择转场，在右上角的面板中设置转场时长为"0.5s"，如图6-111所示。

图6-109　调整视频片段位置

图6-110　添加转场

图6-111　设置转场时长

步骤 12　在轨道左侧单击 按钮，打开"封面选择"对话框，在其中选择一张图片作为封面图片，这里选择第一张图片，完成后单击 去编辑 按钮，如图6-112所示。若没有合适的图片，可单击"本地"选项卡，在其中选择合适的图片。

步骤 13 打开"封面设计"对话框，左侧罗列了系统提供的样式，这里选择"知识"栏第2种样式，可发现右侧自动显示选择的样式效果。单击白色文字框，将文字修改为"AIWEI"，再选择黄色文字，将文字修改为"AIWEI艾维"，选择多余的文字样式，按【Delete】键删除，完成后单击 完成设置 按钮，完成封面设置，如图6-113所示。

图6-112 选择封面

图6-113 编辑封面

步骤 14 将时间指针移动到视频开头，在左上角单击"音频"选项卡，在下方列表单击"But U"右侧的 按钮，下载音频，然后单击 按钮，将音频添加到轨道中，如图6-114所示。

步骤 15 选择添加的音频，在"音频"面板中单击"变速"选项卡，设置倍数为"1.1x"，如图6-115所示，完成后按【Enter】键。

图6-114 添加音频

图6-115 调整音频速度

步骤 16 在操作界面右侧单击 导出 按钮，打开"导出"对话框，填写作品名称，选择导出位置后，单击选中"封面添加至视频开头"复选框，单击 导出 按钮完成导出操作。导出完成后，打开保存视频的文件夹可查看保存的视频和封面图片，视频效果如图6-116所示。

图6-116 视频效果

↘ 6.2.7 设计详情页

"艾维"网店最近的主推商品是锅具，按照详情页的一般结构，分别制作锅具的焦点图、卖点说明图、信息展示图、细节展示图等。具体操作如下。

步骤 01 制作焦点图。新建大小为"750像素×13 735像素"、分辨率为"72像素/英寸"、名称为"锅具详情页"的文件。

步骤 02 打开"详情页素材1.png"素材文件，将其拖动到新建的文件中，调整大小和位置。

步骤 03 选择"横排文字工具" T ，设置字体为"方正大黑简体"，颜色为"#fe0000"，输入"AIWEI"文字；修改字体为"方正粗谭黑简体"，修改颜色为"#24373d"，输入"艾维"文字；修改字体为"方正粗谭黑简体"、颜色为"#23363c"，输入其他文字。完成焦点图的制作，效果如图6-117所示。

步骤 04 制作卖点说明图。选择"矩形工具" □ ，设置填充颜色为"#272a2f"，在焦点图下方绘制750像素×470像素的矩形。

步骤 05 打开"矢量图素材.png"素材文件，将其拖动到矩形上层，调整大小和位置。

步骤 06 选择"横排文字工具" T ，设置字体为"思源黑体 CN"，颜色为"#d7d7d7"，输入图6-118所示的文字，调整文字大小和位置。

步骤 07 打开"详情页素材2.png"素材文件，将其拖动到下方空白处，调整大小和位置。

步骤 08 选择"横排文字工具" T ，设置字体为"思源黑体 CN"，颜色为"#efeeef"，输入图6-119所示的文字，调整文字大小和位置。

步骤 09 打开"详情页素材3.png""详情页素材4.png"素材文件，将其拖动到下方空白处，调整大小和位置。

步骤 10 选择"横排文字工具" T ，设置字体为"思源黑体 CN"，文字颜色为"#efeef0"，输入图6-120所示的文字，调整文字大小和位置。

步骤 11 选择"矩形工具" □ ，设置渐变填充颜色为"#030000"～"#979797"，在下方空白处绘制750像素×1270像素的矩形。

步骤 12 打开"详情页素材5.png"素材文件，将其拖动到矩形上层，调整大小和位置，效果如图6-121所示，按【Ctrl+Alt+G】组合键创建剪贴蒙版。

图6-117　焦点图效果　　　　图6-118　输入文字1　　　　图6-119　输入文字2

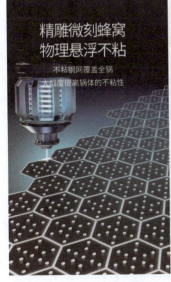

图6-120　制作其他图片　　　　　　图6-121　添加并调整素材1

步骤 13　在"图层"面板中单击"添加图层蒙版"按钮■添加图层蒙版，设置前景色为"#000000"。选择"画笔工具"■，设置画笔样式为"柔边圆"，设置画笔大小为"448像素"，然后在图片上涂抹，使图片与背景融合得更加自然，效果如图6-122所示。

步骤 14　选择"横排文字工具"■，设置字体为"思源黑体 CN"，颜色为"#efeeef"，输入图6-123所示的文字，调整文字大小和位置。

步骤 15　选择"矩形工具"■，设置渐变填充颜色为"#1e1f21"～"#313037"，渐变角度为

"-90度"，在图片的下方绘制750像素×1120像素的矩形。

步骤 16 打开"详情页素材6.png"素材文件，将其拖动到矩形上层，调整大小和位置，按【Ctrl+Alt+G】组合键创建剪贴蒙版。

步骤 17 选择"横排文字工具" T.，设置字体为"思源黑体 CN"，颜色为"#efeef0"，输入图6-124所示的文字，调整文字大小和位置。

图6-122　添加图层蒙版　　　　图6-123　输入文字3　　　　图6-124　输入其他文字

步骤 18 选择"矩形工具" ▣，设置填充颜色为"#efefef"，在下方空白处绘制750像素×1200像素的矩形。

步骤 19 打开"详情页素材7.png"素材文件，将其拖动到矩形上层，调整大小和位置，效果如图6-125所示，按【Ctrl+Alt+G】组合键创建剪贴蒙版。

步骤 20 选择"横排文字工具" T.，设置字体为"思源黑体 CN"，颜色为"#6a6a6a"，输入图6-126所示的文字，调整文字大小和位置，完成卖点说明图的制作，效果如图6-126所示。

步骤 21 制作信息展示图。选择"矩形工具" ▣，设置填充颜色为"#efefef"，在下方空白处绘制750像素×1000像素的矩形。

步骤 22 再次选择"矩形工具" ▣，设置填充颜色为"#f6b847"，在下方空白处绘制350像素×13像素的矩形。

步骤 23 选择"横排文字工具" T.，设置字体为"思源黑体 CN"，颜色为"#6a6a6a"，输入文字，调整文字大小和位置。

步骤 24 打开"锅具矢量图.png"素材文件，将其拖动到文字下方，调整大小和位置。

步骤 25 选择"直线工具" ✐，在工具属性栏中设置填充颜色为"#05509a"，描边宽度为"2像素"，然后沿着锅底部和右侧绘制直线，调整直线长度和宽度。

步骤 26 选择"横排文字工具" T.，设置字体为"思源黑体 CN"，颜色为"#908c8a"，输入图6-127所示的文字，调整文字大小和位置。

图6-125　添加并调整素材2　　　图6-126　卖点说明图效果　　　图6-127　输入并调整文字

步骤 27 选择"矩形工具" ▢，设置填充颜色为"#6a6a6a"。在下方绘制750像素×90像素的矩形，按住【Alt】键不放向下拖动，复制矩形，然后修改填充颜色为"白色"；再次复制矩形，修改填充颜色为"#f4f4f4"。使用相同的方法继续复制矩形，效果如图6-128所示。

步骤 28 选择"横排文字工具" T，在工具属性栏中设置字体为"思源黑体 CN"，在矩形中输入图6-129所示的文字。设置第一排文字颜色为"白色"，其他文字颜色为"#9f9595"，完成信息展示图的制作。

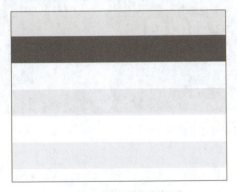

品　　牌：	艾维
品　　名：	不粘炒锅
材　　料：	304不锈钢
把手材质：	耐热复合手柄
包装规格：	365mm×175mm×525mm

图6-128　绘制并复制矩形　　　　　　图6-129　输入文字4

步骤 29 制作细节展示图。选择"矩形工具" ▢，设置填充颜色为"#f6b847"，在下方空白处绘制350像素×13像素的矩形。

步骤 30 选择"横排文字工具" T，设置字体为"思源黑体 CN"，颜色为"#6a6a6a"，输入细节说明文字，调整文字大小和位置。

步骤 31 打开"详情页素材8.png"～"详情页素材10.png"素材文件，将素材拖动到文字下层，调整大小和位置。

步骤 32 选择"横排文字工具" T，设置字体为"思源黑体 CN"，设置文字颜色分别为

"#ffffff""#313131"，输入图6-130所示的文字，调整文字大小和位置，按【Ctrl+S】组合键保存文件，完成详情页的制作。

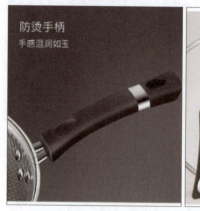

图6-130　细节展示图效果

↘ 6.2.8　举一反三

1. 制作PC端运动鞋轮播图片

本练习将为运动鞋制作PC端轮播图片。在制作时，先添加商品图片到背景中，然后在画面中央输入运动鞋信息，效果如图6-131所示。

图6-131　PC端运动鞋轮播图片效果

2. 制作棉拖鞋主图

本练习将制作棉拖鞋主图，先添加棉拖鞋图像，再在图像上绘制形状，然后输入并编辑文字内容，效果如图6-132所示。

图6-132　棉拖鞋主图效果

3. 制作棉拖鞋详情页

本练习将制作棉拖鞋详情页，不但要体现棉拖鞋的毛绒鞋面、鞋内、鞋底、尺码推荐和颜色等信息，还要求页面整体效果美观。在制作时，可根据棉拖鞋的颜色来配色。首先制作焦点图，输入宣传语，再依次对棉拖鞋的特征、颜色和尺码推荐进行详细展示。完成后的棉拖鞋详情页效果如图6-133所示。

图6-133　棉拖鞋详情页效果

4. 制作移动端运动鞋轮播图片

　　本练习将在PC端运动鞋轮播图片的基础上制作移动端运动鞋轮播图片。在制作过程中可直接将PC端图片的效果复制到移动端图片中，然后调整大小和位置，效果如图6-134所示。

图6-134　移动端运动鞋轮播图片效果